新零售实战系列

U0749752

淘宝天猫店

是如何运营的

网店从0到千万实操手册

贾真 著

电子工业出版社
Publishing House of Electronics Industry
北京·BEIJING

内容简介

《淘宝天猫店是如何运营的——网店从0到千万实操手册》是由天猫TOP10卖家、电商知名讲师贾真写就的一本运营干货书籍。本书的最大卖点就是作者把自己运营店铺的经验系统地总结出来，把碎片化的"干货"形成一个系统的知识体系。句句易懂，读后受益！

现在网上能看到的电商经验，大多是碎片化知识，零散不成体系，其实很难系统地给卖家提供帮助。本书按照进入淘宝创业的时间线，对从开始犹豫现在做晚不晚到决定做，从选择行业、产品到进货、拍照上架，从产品细节运营优化、搜索到付费推广等，从招聘员工、分工到绩效考核、电商财务、品牌分销等，都进行了详细的介绍。

希望本书能够为淘宝天猫运营、创业者提供经验和参考。

图书在版编目（CIP）数据

淘宝天猫店是如何运营的：网店从0到千万实操手册/贾真著. —北京：电子工业出版社，2017.5
ISBN 978-7-121-31376-9

Ⅰ. ①淘… Ⅱ. ①贾… Ⅲ. ①电子商务—商业经营—中国 Ⅳ. ①F724.6

中国版本图书馆CIP数据核字（2017）第078243号

策划编辑：张彦红
责任编辑：徐津平
特约编辑：赵树刚
印　　刷：北京七彩京通数码快印有限公司
装　　订：北京七彩京通数码快印有限公司
出版发行：电子工业出版社
　　　　　北京市海淀区万寿路173信箱　　　　邮编：100036
开　　本：720×1000　　1/16　　印张：14　　字数：227千字　　黑插：1
版　　次：2017年5月第1版
印　　次：2025年2月第22次印刷
定　　价：49.80元

凡所购买电子工业出版社图书有缺损问题，请向购买书店调换。若书店售缺，请与本社发行部联系，联系及邮购电话：（010）88254888，88258888。

质量投诉请发邮件至 zlts@phei.com.cn，盗版侵权举报请发邮件至 dbqq@phei.com.cn。

本书咨询联系方式：010-51260888-819，faq@phei.com.cn。

序

"如果现在给大家一个机会，让你们到某个商场里去开店做实体销售，为了销售额尽可能高，你们会怎么做？"

最近每次分享前，我都会抛给台下的淘宝掌柜们这样一个问题。大家七嘴八舌开始议论，往往最先开始发言的，是有线下实体店的老板，他说，"如果租金一样，我一定会选电梯口或者门口的位置"。

我问为什么，他说："那还用说，人流量大啊，人流量就是钱，你看麦当劳、肯德基那些快餐店选址都有严格的人流量测试标准。"

我接着问："那是不是商场里生意最好的店，就一定是在人流量最大的位置？"

掌柜们议论纷纷，说有很大的可能是，但并不一定是，还要看装修风格及产品是什么。

我接着说："即使人流量很大，但是你店铺的东西不能吸引人走进去，那也无法产生销售，要能**把人流量转变成客流量**。而转变的关键是门头的设计、玻璃橱窗里的宝贝、门口的海报促销等，也就是说，位置好了还要想办法让尽可能多的顾客走进来。"

"现在很多的饭店都在门口设一个接待台，把自己的菜单放在门口，就是为了尽可能地吸引路过的人走进他们店里。"

"而即使顾客走进你的店里,如果只询问不购买,只会增加你的人工成本。这时候,我们就有必要通过聘请专业的导购、促销人员等来提高购买率。"

写到这里,我帮大家整理一下思路。也就是说,想在商场开一个实体店要考虑三个问题:**一是人流量;二是进店率;三是购买率**。做好了这三点,基于**新客户**的销售我们就会做得更好。

这时候,大家会不会有点儿熟悉,这三个线下常见的问题,在我们"电商界",有没有类似的名词?

掌柜们自言自语道:"**人流量**,是指门口有多少人路过,但不一定进店。这个对应着淘宝最接近的数据是**曝光量**,有多少人可能看见你的宝贝,但看到并不一定会点击。"

"**进店率**,指的是有多少人进来。在淘宝里也就是访客数量,对应的数据是**点击率**。在线下我们是通过门头的装修、橱窗的宝贝吸引路过的人;在淘宝里,我们是通过主图的拍摄、设计和标题的卖点吸引点击率。"

"**购买率**,就更好理解了,就是指的**转化率**。线下靠的是导购,而线上靠的是页面描述和在线客服。"

说到这里,我们再重新去审视"电商"这个词。当村里路边的小商店老板都会让顾客加他微信的时候,"电商"这个之前新潮的名词,已经失去它原来的意义了,现在"电商"更多指的是"**移动互联网商业**"。当所有的商业形式都慢慢地和互联网结合起来的时候,传统商业和互联网已经完成了融合,无法再拆分。

而那些之前做传统生意的老板,其实不必再觉得"电商"有什么神秘,只要能把互联网商业的名词翻译成你们习惯的语言,电商其实没什么不同。

就好比开一个网店要解决的是曝光量、点击率、转化率,而开一个实体门店要考虑的是人流量、进店率、购买率,这本质上就是同一个问题。

甚至我觉得，开实体门店的学问，会远远多于"电商"，即使有的人花很高的租金选择很好的位置，装修得很高端，店铺可能还是会倒闭。

举例说，在商场里，位置好、门头高档、导购专业的店就一定是这个商场里生意最好的吗？

小巷子里的人流那么少，某个小吃店为什么反而比闹市里的生意更火爆？

我在南京理发都会去一个小店，它的位置在写字楼里。按照麦当劳的选址标准，这是禁忌，因为办公楼里的人流量和商铺门头没法比啊。但是，这家理发店每天的生意都很火爆，理发师忙不过来。

这又是为什么呢？

其实绝大多数顾客，对于理发师潜意识里是忠诚的。因为如果更换新的理发师需要重新花时间去寻找，而且换了之后还要冒一定的风险。我听朋友提及这家店，去了之后发现真的不错，然后就一直固定在这家店用这个理发师了。当出现了更多的类似想法的顾客时，这家店铺就慢慢地围绕着老顾客带新顾客，生意越来越好。

同样的道理，在商场里我们看到有些店生意特别好，大部分原因在于**顾客不是因为商场而去这家店铺，而是因为这家店才去这个商场**。换成商业名词，这叫**品牌忠诚度**。

综上所述，不管我们做传统店铺还是线上店铺，获取销售额的途径主要有两种：**基于人流量的新用户，基于产品的老客户及口碑**。

第一种途径就像武侠小说里的乾坤大挪移，确实很快能出成绩，但需要内功很强的九阳神功（**产品**）来支撑，练不好很容易走火入魔。但是，淘宝多数的掌柜都在冒险修炼这种武功。

而第二种途径，成长的周期很缓慢，像练内功一样需要慢慢地积累，但是一旦像滚雪球一样完成了初期的积累，后面就越来越简单。

当你的店生意越好，排队的越多，即使装修很差，路过的人也有兴趣过来了解，这叫**羊群效应**。那些发现了羊群效应的商家，会在门店开业的时候找很多托儿来排队，这在电商界也有个名词，叫"**刷单**"。

总的来说，现在做电商最好的武功是两者结合，先慢慢地围绕老客户磨合产品，等回购率和口碑不错的时候，再开始考虑如何通过运营的技巧去获取大量的新客户。当你的老客户越来越多，新客户的获取反而会基于"羊群效应"越来越容易。

举个例子：当你的宝贝上新之后在淘宝的销量是 100 笔，而你的对手也是 100 笔，这时候运营技巧很重要；而当你的对手上新品之后老客户瞬间拍了 100 笔，你的销量只有两笔，这时候谈运营技巧就是胡扯。

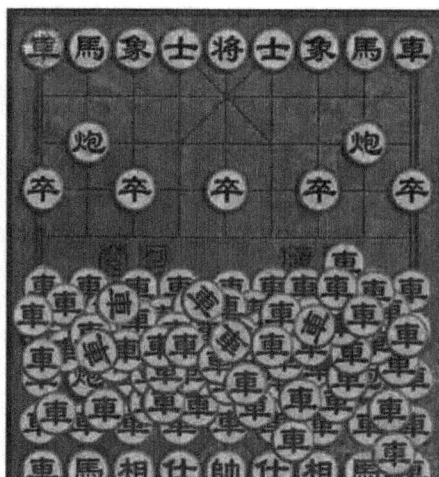

在绝对实力面前，任何智谋都是胡扯

讲到这里，我一直在担心，那些还没有做好电商的传统企业大鳄，很可能是因为他们没有完成"翻译"这一步，他们觉得电商和他们以前做的事情不同，他们不懂，所以畏首畏尾。

而现在，当我发现电商其实并没有什么不同，立刻变得诚惶诚恐，赶紧反过来在他们没有"翻译"之前去学习他们的"语言",以便比他们更早一步地用电商思维去破解商业密码。

笔记

轻松注册成为博文视点社区用户(www.broadview.com.cn),扫码直达本书页面。

- 提交勘误:您对书中内容的修改意见可在【提交勘误】处提交,若被采纳,将获赠博文视点社区积分(在您购买电子书时,积分可用来抵扣相应金额)。

- 与作者交流:在页面下方【读者评论】处留下您的疑问或观点,与作者和其他读者一同学习交流。

页面入口:http://www.broadview.com.cn/31376

目录

1 **新开店** 1

就好像你所知道的淘宝知名 TOP 店铺，如果单从运营层面来看，这些店铺大部分老板都是"笨蛋"，运营技巧上都一塌糊涂。但是从长久来看，运营的真谛或许是用尽所有的聪明，让自己看起来笨一点，大道至简，大智若愚。

2 **全职淘宝** 44

我虽然很不喜欢部分微商策略，在层层经销商手上压货这种行为不太道德，但也必须赞同他们的观点，如果没有压力就没有动力。可我一直相信一句话，要想成就自己，必须先成就别人。所以，在做分销商的时候，一定要帮助别人赚到钱。

3 团队绩效 119

阿米巴实现的是公司平台化、扁平化，通过阿米巴自下而上的决策来快速反应，拥抱互联网的变化。就像韩都衣舍董事长赵迎光说的，企业从原来的商业独裁变成商业民主，从把员工当成赚钱工具到成为员工的赚钱工具。

4 打造淘宝爆款的"时间轴" 161

最令人绝望的问题，莫过于流量有了，评价一直不好。短时间少量负面评价，我们或许能够通过某些办法蒙混过去，但是一旦产品销量巨大，你能够控制的东西就越来越少，所以"产品是核心"绝不是说说而已。

5 本书作者的电商创业故事

痴迷于篮球还有一个原因，是我发现城市的同学大多都会去参加各种社团，他们会唱歌，会弹吉他，会跳舞，会画画，而我除打篮球之外再没有其他本事，甚至对于城市的很多事物都感到新鲜。第一次坐学校里的电梯，不知道按上还是按下；女同学约我在 KFC 门口见，我问她 KFC 是什么；迷上网吧，因为之前根本没上过网；同学的名牌衣服，这些品牌我连听都没听过。

1

新开店

现在做淘宝晚不晚

我做淘宝起步是在 2009 年，当时和一个做快递的小伙子合租房子，他和我说，他见识了电商的风起云涌，说："你看到前面那家店了吗？他们 2006 年开始做淘宝，现在发财了，已经买车买房了。"

然后叹气道："哎，现在做淘宝，太晚了。"

没错，他说这句话的时间点是 2009 年，也就是 8 年以前。在我做淘宝的这 8 年时间里，在不同的时间点，我听过太多类似的话了："如果我早点儿开始做淘宝会怎么怎么样，现在做太晚了。"

但实际上，我们看现在的电商和淘宝品牌店铺，极少是从 2006 年一直活到现在的。随着移动互联网的发展，品牌的成长和消亡被极大地加速。如果你问我，现在做淘宝晚不晚，我会说，只要选择了合适的行业和产品，任何时间做淘宝都不晚，甚至很多时候，电商的成长速度会远超过我们的想象。

大概在 2013 年，我那时候已经是个小有名气的淘宝大学企业导师，有一天接到了一个电话："贾真老师，我听说你擅长淘宝运营，3C 数码类目的天猫店销售也很不错，我这边有个产品想和你合作，是我们研发出来的，线下渠道销售和顾客体验非常好，希望你能帮我在淘宝上销售。"

我当时的回复是："对不起，你这个产品在淘宝上可能没有机会，因为淘宝店的主要流量入口是用户搜索，如果这个产品是你研发的，而客户连这个东西的存在都不知道，就一定不会搜索，那么这样的产品在淘宝上销售就会非常吃力。"

在我当时的认知里，新研发的产品需要企业去承担开发市场的任务，这不是一个小企业能做到的，并且改变消费者习惯很难，所以即使是一个很好的产品，成长周期太长，也不适合我们来做。

而我万万没想到的是，在不久的后来，这个产品在淘宝甚至在全国铺天盖地，几乎人手一张，他当时找我合作的产品是：**手机钢化玻璃膜**。

后来，我反复思考这次失败，到底哪里错了？

然后我发现，我的问题是大脑还停留在书本里学到的传统商业惯性思维模式，还停留在 PC 互联网时代，而移动互联网就像一个传播加速器，让这个世界产生了很多改变。

就比如说，我认为打败了"春晚"的并不是观众的品位，而是移动互联网。在没有互联网前，我们觉得春晚的小品很搞笑，因为那时候有一个好笑的段子，不会很快传遍全国，所以被这些"大师"收集起来加以整合，我们就会觉得耳目一新。

而现在我们再看春晚，里面的很多段子可能都是我们在手机里很早看过的，就会觉得像隔夜饭，没新意。

再比如说，童颜神器、反手摸肚脐、主要看气质等这些朋友圈里的无聊段子，基于移动互联网都可以在几天之内火遍全国，人人皆知；三鹿奶粉、如家和颐酒店事件可以瞬间断送一个经营了几十年的大企业，全民抵制。

也就是说，我们已经过了那个"酒香也怕巷子深"的年代，来到了一个被"移动互联网"安装了加速器的快节奏时代。就好像，曾经在南京街头默默无闻的卖蛋炒饭的夜市小摊贩，因为口味特别，经过朋友圈的传播，竟然火爆到排队要交警出来维持秩序，被网友称为"爱马仕炒饭"。

在现在移动互联网时代，整个市场像一个初创的混沌新纪元，即使是早已知名的大企业，也要如履薄冰；即使你现在默默无闻，但是如果有恰当的定位，还能提供一些产品特色，也具备无限遐想的可能。

所以你说，现在做淘宝晚不晚？

"卖什么"的本质是"卖自己"

我的一个深圳的学生，她同另一个女孩开了家女装淘宝店，她是设计师，另一个是《瑞丽》杂志的模特。她们淘宝 C 店每次上新款的当天，销售额都能做到 50 万元左右，从来不做任何的付费推广，因为不会做。

做设计师的老板和我说，她们的店铺生意这么好，主要功劳在她的模特朋友，因为她有微博粉丝。但是，我和她说："几乎没有一个淘宝店是能单单靠粉丝做起来的，你看淘宝一直有'星店'，邀请明星来淘宝开店，明星的粉丝一定会远远超过红人，但是实际上我们看到，几乎没有一个'星店'能进入行业 TOP 榜。"

明星开店最大的问题是心态，他们觉得自己是明星，所以产品不能卖得便宜降低了自己的形象。而绝大多数粉丝，第一次可能因为这是明星的店去买东西，但是长期地购买，一定是建立在市场经济的基础上，除非是"脑残粉"。

举个例子：我们说海底捞的服务和营销做得很好，所以很多没去过的人都想去体验一次。但是大家仔细想想，等你体验过了，再去海底捞吃火锅，是不是觉得他们家东西口味还不错？

所以，我当时和这个淘宝小店的设计师说，你们店铺最大的核心点，不是你那个模特朋友，而是你。客户长期喜欢的是**你通过设计传递的独特审美观**。

当时，这个淘宝女装店铺掌柜对我的话仍然半信半疑。后来当她那个模特朋友怀孕不能再拍照的时候，她被迫去面试了新的模特，但是换模特之后销售额不但没有降低，反而上升了不少。这时候她才开始反思我的话，意识到自己的价值。

不知道大家看明白没有，只要这个店铺的创始人设计师在，模特是她选的，那么店铺就一直在做的是"**卖自己**"：设计自己喜欢的衣服，吸引全国和自己有相同审美观的人。

其实，粉丝本身是没有太多**市场价值**的，但是当有共同需求的粉丝聚集在一起，市场价值就会慢慢显露出来。即使我再擅长淘宝运营，我也不会自己去做女装，原因是如果我去做女装，首先要去虚构出一个有血有肉的女性，成为某种独特**审美意见的领袖**，来吸引类似的女客户。

即使未来科技再发达，也很难去制造出一个人类的大脑。你做一个店铺要去虚拟出来一个活生生的女人，这非常难。换句话说，其实**绝大多数店铺定位不能被设计出来**，定位的都是创始人自己。

所以你看，那些在做爆款的女装店的老板，多数都是男的；而那些行业TOP店的女装店的老板，多数都是女的，而她的店铺风格往往就是她自己的风格，也就是我说的"**卖自己**"。

回到正题，我们很多掌柜在决定做淘宝的时候，选产品和行业大致有两种出发点：(1)**就近原则**，因为自己所在地靠近某批发市场，资源很好，所以开始卖；（2）**兴趣导向**，做自己有兴趣或者有需求的产品，以热爱为驱动。

如果从商业的角度来分析，很多人肯定赞同第一种，因为这样会有竞争优势。但是我们看到的现实是，绝大多数成功的企业最大的核心点是创始人偏执的热爱，而非"纸面"上的数据优势。

你看大码女装做得好的，掌柜本身就是时尚胖女孩；母婴的 TOP 卖家做淘宝的初衷，多数是因为自己有了宝宝，要解决自己的需求；能抓住文艺青年的服装淘宝店，掌柜本身就是个文艺青年。

当然，"**就近原则**"也并不是一无是处，比如我当时做淘宝 3C 数码配件的选择，是因为在南京只有一个珠江路数码市场，靠近批发市场来切入淘宝，可能会保证你在进入淘宝的时候价格有一定优势，比较容易上手。

但是，这带来一个很坏的循环，如果当年你切入市场是依靠价格优势，那么在之后的很长时间，价格战是你必须要考虑的，你会发现越往后越难，因为你除了价格战就好像没有别的方法了，量可能会越来越大，利润却越来越低，很忙很累，但是很难有未来。

更痛苦的是，即使你知道了没有未来，你也很难转型，第一是低价竞争已经渗入你的血液；第二，转型需要放弃现有的很多东西，破釜沉舟，很多人没这个勇气。

"**兴趣导向**"可能会让你在刚起步的时候无比困难。举个例子，南京有个大码女装的老板做淘宝的时间比我早很多，但是很快被我在信誉上超越了。她不懂运营，也不会去"拥抱变化"，当淘宝都在做爆款、上活动的时候，她还坚持走高品质路线。当时她说的一句话让我印象很深："我是个挑剔的人，如果某个商品不能让我 100% 满意，宁可不卖也不会迁就。所以我在做产品上，不会为了竞争而降低品质。"

她的淘宝店是 C 店，刚开始成长得非常慢，因为中高端的商品于淘宝初期在搜索排序里很吃亏。但是她一直坚持这么做，带来的结果是：那些买过她衣服的胖女人每个评价都像是"刷单","血泪控诉"般地说为什么不早点儿遇见这个店。

到 2013 年的时候，她的淘宝集市店铺，几乎不做任何付费推广，月销售额突破 800 万元，对于她来说根本就不需要再被淘宝的规则牵着鼻子走，不管淘宝怎么变化，她要做的运营很简单：做好产品，讨好客户。

"就近原则"一旦走低价路线，这时候你能积累的只是信誉，店铺本身一点儿价值都没有，你需要变着花样儿去讨好客户；而**"兴趣导向"**如果能提供好的产品，这样的店铺就能真正地积累老客户，慢慢地客户就会和你"谈恋爱"，时间越久，老客户越多，店铺价值越大，运营就越来越简单。

或许，在后面的内容中，我们讲的淘宝运营核心是**数据思维**，通过数据来分析消费者，让数据去帮我们做抉择。但是只有在选择行业产品上，我给你的唯一建议是：**偏执而任性**。

任性地去做自己喜欢的事，不用考虑市场有多大，然后去吸引全国甚至全世界和你一样的客户，即使再小众，放大到全国一样能够超乎想象，比如主打民族风的裂帛。

任性才能产生热爱，热爱才会创造奇迹。人们常说，某个行业竞争很大，不适合再进入，但是我觉得，"竞争"只是给弱者看的纸老虎，当你基于热爱创造出的产品足够强大，再红的海洋里你也照样可以呼风唤雨。

你看那些让人惊叹的世界品牌，不管是苹果还是 Facebook，哪一个不是源于创始人从一而终疯狂的热爱？

问题

问题 1：就近原则和兴趣导向，你目前做淘宝的主要初衷是哪个？

答案：

_____

问题 2：如果是就近原则，你怎么培养兴趣？如果是兴趣导向，你怎么"卖自己"？

答案：

📝 笔记

"开淘宝"的第一步要做"微商"

太多电商"小白"，在刚开始做淘宝店的时候，问的第一个问题是："**是不是要我先找人刷信誉，不然别人看我没信誉不会来买。**"

前几天，还有个好友在微信里问我类似的问题，说有个人让他在做淘宝之前先购买一个虚拟充值的工具，它能够让店铺的信誉很快就达到皇冠级别，然后还说让他交多少钱可以终生免费指导做淘宝。我回答他几个字："骗子，不要花钱。"

首先，这种虚拟信誉对于实物交易的店铺一点儿用都没有，我也不建议去买那些现成的几皇冠店铺来做，价格虚高，没有什么价值，就像我们上篇文字里（"卖什么"的本质是"卖自己"）讲过的，大部分网店的信誉只是代表了销售记录，而任何一个品牌或者店铺转让的真正价值不是店面，是**客户**。

其实最早的时候，淘宝这种信誉体系确实是为了解决信誉问题。但是互联网发展到了今天，用户开始相信网购，慢慢也有了鉴别能力，更多的消费者在购物的时候并不会特别在意店铺是几皇冠，如果说在意，更多的是在意单个商品的评价记录。

所以，如果给我一个全新的店铺让我估算它的价值，我主要看的是无线端首页的**粉丝关注数量**，而非店铺信誉，这才是目前每个店铺最大的价值体现。

当你的对手有286万个用户关注的时候，他每发布一个新产品就可以免费覆盖1.7万个精准客户（见下图），这对于任何竞争对手都是"不公平"的。

而且，从淘宝搜索的权重角度来看，快速提高店铺信誉对于新店铺来讲，不但没有益处，反而可能会有害处。前几天鬼脚七自媒体文章在讨论，淘宝会不会放弃中小卖家，我觉得答案是一定不会的。

"不放弃中小卖家"并不是企业的社会道德，而是从阿里巴巴公司发展的商业角度来看的。中小卖家对于淘宝，就像销售公司的"新客户"，没有一个公司愿意只守着老客户，不开发新客户。所以，只有帮助新卖家成长为"大客户"，阿里巴巴公司才会长久地去做"102年企业"。但是新卖家确实在运营的多方面都比"师兄们"落后，而且没有老客户，所以淘宝搜索里就会给新店铺一些初始权重值。

有点儿像《英雄联盟》游戏的定段位，但又有点儿不同。新卖家的段位并不是从青铜开始，可能直接给新卖家白银段位，但是当你玩了一段时间后，系统会根据你的真实表现再进行微调。

很多掌柜可能感受到，当店铺在某个信誉之下的时候，流量很多，但是经营了一段时间后，信誉越高反而流量越差。这就是淘宝搜索根据这个店铺的真实表现，降低了店铺的搜索权重，我们把这种现象称为淘宝店铺的"成人礼"。

或许，大家也看到过很多"聪明人"，不停地利用"新店福利"只开新店。但是，这种方法注定没有未来，你会发现身边的这种"聪明人"或许能赚到钱，但是很难做出成功的企业。

就好像你所知道的淘宝知名 TOP 店铺，如果单从运营层面来看，这些店铺大部分老板都是"笨蛋"，运营技巧都一塌糊涂。但是从长久来看，运营的真谛或许是用尽所有的聪明，让自己看起来笨一点儿。大道至简，大智若愚。

唯上智与下愚者不移

说到这里，我们要表达的观点是，其实淘宝的新店铺权重并不低，产品只要有销售记录和优质评价，在销售里一点儿都不吃亏。这时候，"小白"们要问了，那没有销售记录，第一笔销量怎么办？

马云在回忆自己做淘宝创业的过程时说，因为没人在淘宝开店，他们十几个创始人就自己在淘宝上开店，当时也没人购买，他们就自己买来买去。网友戏称：这是有史可考的最早的淘宝刷单。

我曾经在分享的时候说过一个观点，如果你自己目前卖的商品，你自己不用，你的员工和身边的朋友都不来买，那说明你的问题不在运营和营销，而在产品本身。

换个角度看问题，网店运营和营销要解决的核心问题是信任，因为对方不认识你，也见不到你。而你的朋友、员工对你不存在信任问题，所以如果你卖的东西他们也需要，但是还没来购买，那恐怕你就要反思了，不然之后运营能力再强也很难做好了。

所以，当你开始开网店，确定了"卖自己"的定位，找到供货商，有了自己的小店之后，可以先试着像做微商一样把产品销售给身边的人，来产生第一批销售记录和评价。这里要注意的，就是有被淘宝误判成虚假交易的风险，尽量不要让你的同事、家人来购买，因为你们有太多的共同 Wi-Fi 记录。最好的第一批客户，可能是你的外地朋友、高中同学、异地亲戚等。

正直的、不骗代理的"微商"最大的瓶颈是很难获取新客户，只能靠朋友介绍朋友口碑传播，发展比较缓慢；而像微商一样做淘宝，可以完美解决这个问题，身边的朋友在你的淘宝店里成交之后，能够提高你的搜索排名，为你从淘宝搜索里带来大量的新客户。

即使淘宝付费流量成本在大幅度上升，但是到目前为止，淘宝仍然是获取新客户成本最低的渠道，别的渠道可能流量成本低，但是下单转化率很差。

而且，这种微商式的销售过程，因为和客户有更多的接触，你可以收到很多来自产品使用的反馈。不管什么时候，你最好的老师一定不是像我这样所谓的专家、讲师，而是你的客户。得到客户反馈后，你就可以借此有的放矢地去优化产品，调整供货商，重新去思考你的淘宝小店运营方向。

当你店铺的商品有了几个销售记录，并且有了买家秀图片和优质评价，再加上淘宝搜索对于新店铺流量的初始权重，你很快就可以开始享受到网店销售的喜悦。这时候，即使再苦再累，属于你的梦想小舟也已经开始起航了。

问题

问题 1：你有没有试着忘记淘宝运营，把你的产品推荐给身边的人？

答案：

_____

问题 2：你的产品值得推荐给好友吗？推荐给好朋友，他们喜欢吗？有什么值得反思的？

答案：

_____

问题 3：你朋友用了你的产品，给你的建议是什么？

答案：

_____

笔记

_____

淘宝 + 微商 = "滚雪球"

从开始做淘宝店到店铺 5 皇冠，再到后面把天猫店信誉做到 3 金冠，如果能把已经产生过销售的客户称为老客户，那我的店铺服务过的老客户有几百万之多了。但可悲的是，这些我的店铺服务过的老客户可能只记得在淘宝买过一张笔记本贴膜，甚至即使他觉得产品很好，再想推荐朋友买，也只能回头找已买到的宝贝链接。

但是，如果你是在线下实体店买过东西，即使是一支圆珠笔，你也能在推荐给朋友的时候大概记得这家店叫什么，在什么路上，在哪个位置。

当然，我们说的这种情况，可能因为经营的产品不同会有区别，比如，淘宝上某些个性鲜明的服装淘品牌，老客户就会记得店铺名。但是整体上来讲，整个淘宝上的掌柜最苦恼的事情大概是：**我们店铺的老客户忠诚的对象根本不是我，而是淘宝。**

淘宝掌柜最大的悲哀

线下实体店，老客户的流失其实还是有一定难度的，因为如果你所属商圈的客户要去别的地方购买同一件产品，还要跑一段距离，不方便；而线上的淘宝，你的客户下次购物搜索的时候，如果发现另外一家店铺比你家更便宜更好，对于他来说，只要抬起手动动手指就可以轻易地"背叛"你。

从这个角度来看，网购这个场景，因为客户选择足够多，"背叛"的成本又很低，所以维护老客户的难度会比线下还大。因此，整个淘宝各个类目打得头破血流，原因就是客户忠诚度太低，不管你做了多少年，根本没客户累积，主要运营方向还是抢新客户。

史玉柱在自传里说道，几乎没有企业能靠新客户盈利，因为平摊成本太高，最后企业能够赚钱，一定都是从老客户的销售上实现。随着时间累积，你的老客户越来越多，你公司的盈利才会越来越好。

这大概是很多知名淘宝店销售额一年几亿元甚至十几亿元，但还是亏损的主要原因。如果你的公司重心在销售技巧上，不围绕着老客户做内容，增加品牌记忆度，运营绝招可能只会帮你起步，但是很难帮你长久盈利。

其实道理大家都懂，但是最后绝大多数卖家主要精力还是放在新客户上。原因大概是老客户成长周期长，而淘宝新客户相对比较容易获取，绝大多数掌柜的盈利计划都不会做太久，即使做了，执行的过程中慢慢地还是会被眼前的诱惑蒙蔽了眼睛，不然为什么那么多人争着抢着上活动，不管自己需不需要。

回想当年阿里巴巴创业的时候，马云说一年只赚 1 元钱就可以了，这是何等的眼界和霸气。

微商最大的优势

我个人其实不太喜欢微商的某些做法，但是必须承认的一点是，微商虽然出现的时间不长，却很快出现了许多能让用户记住的微商品牌。

插播一个故事，曾经有个淘宝 TOP 化妆品集市店，因为涉及小二离职时候的利益输送，被淘宝永久限制淘内付费流量和活动。对于绝大多数淘宝卖家来说，这可能是灭顶之灾，意味着你的对手都在上"双十一"，开直通车，而你不可以。但是，非常意外的是，这个店铺在接下来的一年，不仅销售额没有下降，还冲到了类目 TOP3。

原因是，当这个店铺的掌柜知道自己再也不能像别人一样轻易地获取新客户了，就断了这方面的心思，一心扑在如何能稳住现有的老客户上。所有的产品、服务、销售策略都踏踏实实围绕着老客户来做，结果随着时间的累积，客户的忠诚度越来越高，基于化妆品的高回购率特点，店铺的销售额不降反升。

其实微商的处境和这个店铺类似，微商这个群体最难的是获取新客户，他们没有淘宝这样的平台及类似于搜索的流量分配入口，再加上现在微商群体中的部分传销和欺骗行为，又受到腾讯公司不停地打击，因而微商这个群体的销售，有时只能依赖老客户。

所以微商破釜沉舟，利用朋友圈这种高频的社交入口，不停地通过相关内容来触及客户，通过微信这种社交属性工具，和老客户频繁地接触来提高记忆度。或许绝大多数小微商，他的品牌就是他个人；而大的微商团队通过这种方法，也许很难让他们的品牌成为大众品牌，但是至少可以通过他们的团队让接触到的人对于他们的品牌印象深刻。

淘宝＋微商＝"滚雪球"

我之前也说过，目前最好的互联网商业应该是淘宝＋微商的结合体：**淘宝获取新客户，微商管理老客户，随着对老客户的销售越来越多，产生的销量推动淘宝产品的搜索排名，最后获取更多的新客户，以此带来"滚雪球"式的发展。**

我很久以前在北京讲课的时候，有个学生是玛萨玛索的老总，他和我说他们每年投放 1 亿元的广告费用在传统媒体上，最后数据显示每获取一个新客户的成本大约是 600 元；虽然淘宝上直通车费用越来越高，但是他们计算了一下，淘宝获取一个新客户的成本连 50 元都用不了。所以到目前为止，没有一个渠道能像淘宝一样有价值，**也就是说在目前的互联网环境下，通过淘宝获取新客户是王道。**

微商管理老客户，这里的微商并不是指用微信卖货，而是指一切可以像微商一样用内容去频繁触及客户的社交工具，比如微淘、微博等。只要你的客户从淘宝转到了这里，至少他以后能记得你的品牌或者店铺，再购物的时候就不用再翻已买宝贝了。

也就是说滚雪球的第一步，一定要暂时忘记新客户，从老客户出发。

当然，并不是懂了以上的道理，你就能做好一个品牌。如果你想要用内容吸引别人，通过老客户滚雪球，只有两种可能：一种是你的产品非常强，秒天秒地秒空气，像乔布斯做苹果手机一样，根本就不关注客户的需求是什么，我做出来的产品比你想要的还牛。另一种是你完全没有产品，但是你知道你的客户是谁，所以你可以客观地帮助你的客户去找到他喜欢的产品，做一个集合。就比如现在成功的淘宝达人基本都代表一种审美或价值观，而现在的网红主要方式是找自己喜欢的产品，去吸引和自己类似审美的粉丝。

可是现实很残酷，最常见的也是最惨的是第三种：自己有一定的货源优势，但是又没有绝对优势，所以他在服务他的客户的时候就变得不"客观"，既想做客户喜欢的，又想卖自己的货，最后不伦不类反而一点优势都没有了。

当然，用老客户来滚雪球并不是一点儿技巧都没有，在"做电商就一定要开店吗"一节里，我们继续讲。

问题

问题1：基于微信的老客户营销，你怎么建立一套完整的流程和客户"升级"制度？

答案：

问题2：基于微信和淘宝客户的互相导入，你可以通过什么样的方法来互通？

答案：

笔记

做电商就一定要开店吗

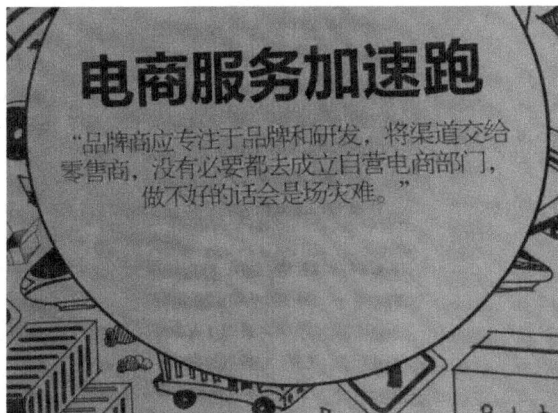

讲一个发生在我身边的电商故事。

我的天猫店有个供货商，是一个在深圳的年轻潮汕小伙子，我听他讲过自己的故事。他刚开始起步的时候睡网吧，网上接到别人的订单一分钱不赚，多少钱拿货多少钱出，给别人做免费的搬运工，慢慢地客户都信任他，他就开始和工厂谈价格，慢慢地就在价格上有优势，有利润了。

再后来，因为肯吃苦，不坑人，他接单量越来越大，就自己开了工厂，自己来生产，因为不懂法，最后竟成为某个产品最大的仿牌工厂。

他被这个品牌告到了法院，被判了刑。刑满后，他知道这条路行不通，就花 4 万元买了个商标，开始用以前的工厂生产自己品牌的产品。

因为没有渠道销售，所以他想到了淘宝。但是，和绝大多数的人不一样，他没有选择开店，而是选择与目前能卖他产品的 TOP 店合作，所以当时他找到了我。

当然，作为当时笔记本配件的第二名天猫店，我没有理由选择一个不知名的品牌来销售。他反复和我沟通，说可以先免费送 6 箱货给我们试卖，以后合作了，新型号的每个颜色都送我一箱，我没答应。

后来，他又和我商量，说工厂可以支持我们用他们的产品做折 800，如果活动有亏损，所有费用工厂承担。

当时是 2013 年，活动销量计入搜索排序，那时候基本运营就是不顾一切报活动，所以我动心了，用他们品牌的一个产品上了折 800。

其实他当时把类目前三的店铺都谈了，只不过每家店活动产品的型号不一样，因此几乎是同时，TOP 店铺每家出现了一个月销量过万的某品牌爆款。活动过后，他和我们谈限价销售，进价 15 元，全国限价 39 元包邮。

说实话，刚开始我们愿意和他合作，主要是想用他的商品上活动引流，但是当我们发现他们的产品自然销售数量还不错，最重要的是利润高的时候，我们就开始自发地把店铺销售的重心放到他的品牌上，店铺首页也推广他们的产品。因为限价，不能在价格上做文章，利润也足够，所以我们只能花钱去推广他们品牌的产品。

几乎在一瞬间，类目前三天的天猫店疯狂地主推某个品牌，带来的连锁反应是，类目下的其他店铺拼命地去找这个品牌在哪儿进货，他们也要卖，淘宝最不缺的是跟风。而当他们发现，这个卖 39 元的商品我们月销几万元，进价竟只要 15 元，接下来就没有什么能阻止他们要上架这个产品的决心了。

后来我听品牌方讲，虽然我们是他们的核心客户，但是他们 80% 的货都是集市店铺帮他们出的，阿里目前的主要销售仍是集市店，原因是蚂蚁雄兵。

只用了 5 个月时间，他们的品牌就成了类目第一品牌。第二年，淘宝就主动邀请他们签品牌销售 KA（Key Accountant，重点客户、重要客户），没有花一分钱做广告，但是淘宝的卖家争先恐后地用直通车和钻展推广他们的品牌。

在这期间，每次我去深圳，老板都拉我一起谈第二年的计划，要上几款新品，有了什么样的设计，对于品牌的未来，充满无限的遐想。

可能看到这里，大家也很兴奋。可是我要告诉大家的是，三年后，这位老板为了二次创业，把之前在深圳买的房子都卖掉了。

他的成功，原因是他专注于产品，选择了电商而没做淘宝店。他的失败，恰恰是因为他觉得无所不能，并且开始做自己的淘宝店了。

品牌方一旦有了自己的天猫旗舰店作为他们的销售渠道，其他渠道随时会有不公平感。就好像本来是比赛的裁判，突然说要加入比赛，即使他真的能做到大公无私，其他选手心里面也会觉得不公平，慢慢地我们就不愿意去参与了。

当然，最重要的并不是这个，而是品牌方的变化。以前见面，谈的是出新品，做升级；后来见面，谈的是直通车，做爆款。

因为做淘宝店之后，工作的重心慢慢地忽略了产品，所以在后来的销售中，新品变少，产品差评及退货率逐步增加。我们甚至把很多在售的产品下架，剩下的库存退回给工厂。

我相信，电商未来会是所有销售当中必不可少的渠道，但是做电商并不等于开一个店铺自己去销售。强强联合，做自己擅长的事情。如果品牌方自己不做淘宝店，反而更可能成就一个很强的电商品牌，你说呢？

问题

问题：你的优势和兴趣点在哪儿？你怎么基于你的优势切入电商行业？

答案：

_____

笔记

_____

除了开店，做电商还能做什么

上一篇文章讲了一个发生在我身边的真实故事。做电商没有开一个淘宝店，却做到了品牌市场占有率第一，开店之后反而快速地坠落了。这篇要大家一起思考：过去、现在和未来，有哪些做电商不开店的成功案例。

目前电商开店因为竞争激烈，是赚钱最难的，就像淘金热之后卖水、卖牛仔裤赚钱的道理一样，反而围绕着电商做产品、顾问、培训、服务，甚至做物流，盈利状况会更好一些。

上篇讲的故事其实并不是个案，类似的方法做成功的产品比比皆是。比如，某品牌游戏鼠标，某个键盘清洁胶等。

整个过程操作起来非常简单，选择某个市面上新出现但是大公司看不上的小东西，集中公司的资源去研发，收集体验把产品升级，让产品本身具备一定的竞争力。接着联合某个淘宝天猫店不顾成本地打造一个爆款，然后全网限价，再以这个爆款作为引子去谈几个卖家合作，之后就可以轻易地铺货到全网其他店铺，引爆全网。

在这个过程中，只有联合卖家的过程需要投入推广费，爆款起来之后就变成了批发，看起来比最终的淘宝零售利润率低，但是因为没有推广费和大量的人员成本，实际利润更好。这时候的公司，不需要关注太多的运营层面，只需要专心地提供更好的产品就可以了。

曾经看过一篇文章，北京浪淘金沙公司用这种方法做软么么清洁软胶产品，刚开始投入 100 万元研发推广，第一年就回报利润 900 万元；还听说某鞋类 TOP 卖家一年销售 1.3 亿元，亏损 1000 万元。

同样做电商，哪个更幸福？

在做电商的过程中，最重要的第一步，是选择什么产品来做。这里我们自创了一个打法叫**后发式创新**，这个过程是用一张表格来实现的，我们叫**类目词根表**，是我们店长每周一要去完成的，如下表所示。

产品	属性	7.6										
手机壳	iphone6	红米note	华为Mate7	iphone6 plus	小米4	魅族mx4	5s	小米note	红米2a	魅蓝note2	红米2	
	华为p8	魅蓝note	三星note3	荣耀6	三星note4	华为荣耀6PLUS	oppo R7	小米2s	三星s6	乐视1	三星A7	
	三星note2	神器	三星A5	vivox5pro	三星note4	华为荣耀4c	vivox5max	三星2A	华为P7	VIVOY27	vivox5s|	
	mx3		华为4C	酷派大神f1	S4	vivoY13l	联想乐檬k3	NOTE4A	金立s5.1			
自拍杆		线控	蓝牙									
充电宝	移动电源	20000 毫安	50000毫安	小米	太阳能	10000毫安	品胜	罗马仕	通用	便携		
手机支架	懒人											
USB风扇	小风扇	迷你	小风扇									
散热器	笔记本	电脑	抽风式									
钢化膜	iPhone6	红米note	小米4	5S	小米note	iphone6 plus	4S	红米2A	魅蓝note2	小米3	红米2	
	三星s6	红米1S	小米2s	荣耀6 plus	乐视1	XATE7	魅族MX4	note3	大神F2	MX5	三星A7	
手机套	红米NOTE	华为mate7	三星A7	华为p7	小米4	红米2A	红米1s	大神F2	华为p8	华为荣耀4X	华为荣耀6	
	小米note	努比亚z9										
平板保护套	ipad air2	ipad 2 MINI	ipad air	ipad4	小米平板	ipad2	ipad3					
POS机	手机	拉卡拉	即付宝									
网线												
数据线	iphone5	安卓	iphone6	4s	苹果	通用	usb					
usb分线器												
读卡器												
电池	充电电池	iphone5	三星S4	iphone 4s	小米2S	note3	5号	7号	s4	纽扣电池		
电脑包	笔记本	14寸	15.6									

这种表的制作方法很简单，把生意参谋里大类目下的热搜词数据打开，然后把每个关键词按照 7 天搜索人气从高到低拆分词根，比如 iPhone 6 手机壳，可以拆分成 iPhone 6 和手机壳，手机壳是产品词，放在第一列，iPhone 6 是手机壳的形容词，放在第二列，以后再遇到所有和手机壳相关的词，都放在 iPhone 6 后面。这样我们就能得出手机壳最近 7 天的消费者搜索需求排序，一目了然。

店长要做的事情，是把所有在售产品的形容词都用红色标注，没标注的就是消费者需求的而我们没有的，这时就需要考虑把这些没有的产品采购上架。

在制作这个表格的过程中，除了能够把客户对某个产品的所有需求都清楚地显示出来，还能把 7 天内出现在类目里的产品热点告诉我们。如果我们发现，在每周一制作的表格里出现了一款之前没有出现过的产品，这时店长就要快速反应，可以买回来试用体验，决定是否上架销售。

如果卖家的上新是基于看到同行的销售情况，多数是来不及的。因为这时候等你采购回来，摄影、描述、基础销量做完之后，发现同类的产品已经遍地都是，你就只能接受价格战了。

21

我们的做法是，通过类目词根表，以最多一周的频率去关注新产品或者老产品的新需求，在大部分卖家前面开始上新。如果发现评价好，数据不错，我们会围绕这个产品联系工厂进行适当升级，贴品牌量产，把它当成一个创新性的新品，用品牌占领消费者心智。

这就是我们所说的后发式创新。不是靠自己跳跃性思维去创造，而是基于每周的数据观察，发现市场上新的产品苗头，然后集中公司的资源去做实用性的升级，占领第一批市场。利用这种方法我们做起来的爆款有自拍杆、床头手机支架、指环支架等。

我从来没想过，作为 3C 类目卖家，有一天小米会成为我们的噩梦。以前我一直窃喜，我做的这些小产品，大公司看不上，而我们在这些小公司里实力相对出众，所以一直所向披靡。

但突然有一天小米侵入了我们的市场，推出小米自拍杆、小米 USB 灯等。这个量级的公司，突然愿意投入公司资源进入小产品领域，对于我们来说无疑是巨大的灾难。当他们愿意去设计、升级一个原本只有 9.9 元包邮的 USB 灯的时候，我们的产品在他们面前就是垃圾。

无论你营销实力多么强，在移动互联网时代，你无法做到一叶障目，让客户永远发现不了真正好的产品，这或许就是产品为王的真谛。慢慢地我们这些先驱就成了先烈，新的客户就默认了一个事实：USB 灯是小米公司的创新产品。

综上所述，用产品占领电商市场的流程大致如下。

（1）先基于长期规律性的观察数据，找出新的产品（行业词根表）。

（2）体验并升级创新产品的实用性，如果公司实力弱应尽量选小产品。

（3）联合产品所在类目的有运营能力的淘宝店，抱团取暖，打造爆款。

（4）全网限价，保证卖家有利润去推广。"利己者生，利他者久"。

（5）用爆款做引子，销售团队通过旺旺联系类目下尽可能多的掌柜上架。

（6）尽量把品牌和新品叫法结合，占领客户心智，制造竞争壁垒。

问题

问题：互联网时代的后发式创新，在你们的行业怎么实现？

答案：

_____

笔记

_____

做淘宝必须知道的"规矩"

以前写过一篇文章叫《没有什么不同》，讲的是用开线下门店的销售方式和做淘宝的数据做类比，最后发现其实做电商只要"会翻译"，和做传统生意的方法没有什么不同，以平常心做电商，才可能尽情地发挥自己的聪明才智。

但是，其实就像电影《老炮儿》里面的台词一样，淘宝里面还是有些"规矩"在传统行业里不曾出现，我们必须去遵守，才可能用线下营销的方式把电商做到极致。

1．用同行业子品牌的方式扩张，错！

在后面的《多开几家淘宝天猫店？错！》一文中我们提到了淘宝会识别同一团队经营多家同类目店铺，并且会限制搜索流量。其实，在思考淘宝为什么要制定这种规则的时候，只需要思考它的出发点是什么就能明白大概。

淘宝为什么要做这样的限制呢？

如果某个行业 TOP 卖家想扩张，在他具备资金、产品、团队、经验的基础上，不停地开新的天猫店，那么销售额会理论上无限增长，因为他做的新店一定会比新企业做的新店更具优势。如果不做搜索流量方面的限制，很快就会出现垄断，尤其是在小类目的环境下。

从这个角度来说，某品牌如果扩张，在线下做子品牌方式比较容易，在线上就很难，因为在同类目下开新品牌的店铺就一定会受到这个"规矩"的限制，发展起来就会比别人慢。例如，韩都衣舍虽然号称小组制、多品牌战略，但是基本上女装、男装、童装各个类目只有一个店铺拿得出手，这还是在投入比别人都多的付费前提下。

类似的限制在搜索中的体现，还有**打散原则**，搜索同一个关键词，在同一个搜索结果页面只能展示同一个店铺的两个产品，不管是 PC 端还是手机端。这样做的目的，也是为了防止大店铺垄断，给消费者更多的产品选择。

基于这个规则，建议大家同类目下做爆款，最多一个细分类目只推**两款**。

2．店铺上产品，客户喜欢什么就卖什么，错！

淘宝最早出名的店铺是**柠檬绿茶**，当时的淘宝第一店，是综合百货式的淘宝网店，当时类似的店铺很多。但是现在大家再看看，基本 TOP 店铺都是垂直单类目的。

我内心阴暗地去猜测，当年柠檬绿茶曾经沸沸扬扬地欲建独立 B2C，想要离开淘宝发展。淘宝是大百货，柠檬绿茶是大百货下的精品小百货，它如果离开淘宝，就会像吸血鬼一样从淘宝里把客户转移到它的独立网站里了。

淘宝一定不会允许这样的事情发生。也就是这个事情发生不久，整个淘宝格局慢慢地在产生变化，百货式的网店集体没落，垂直的类目大店开始崛起。垂直的大店铺拥有再多的客户，也需要依赖淘宝，淘宝也不怕这种店铺自建平台，因为你满足不了客户的所有百货需求。

而出现这种格局的导向，是因为淘宝搜索在进行店铺权重匹配的时候规定，如果你经营的是单类目，单类目下的经营集中销售额越高，匹配的店铺权重越高；但是，如果你跨大类目经营，除了主营类目之外店铺权重基本就是 0，甚至可能会对主营类目产生负面影响。

这里面有两个问题：第一个是如果你不依赖搜索流量，专做老客户，这时候淘宝就是你的付款担保平台，影响不大；第二个是这里面的单类目，不是我们店铺后台看到的类目，而是淘宝基于消费者行为投票选出来的隐藏类目，比如虽然影音电器和电脑配件不属于一个大类目，但是如果消费者的选购交叉度很高，在搜索看来它们就是同一个类目，那你经营的时候也可以跨这两个类目。

我前段时间受天猫邀请，去给天猫国际的 TOP 店铺做诊断。因为天猫国际邀请的是国际品牌，而国际品牌很多产品是跨度很大、百货式的，但是它们在天猫国际和天猫平台做得好的，基本都是单类目的，这并不是偶然。

如果一个品牌下的产品线很长，建议分开去开店更适合，比如 ×× 品牌女装专卖店、×× 男装专卖店、×× 童装专卖店、×× 母婴专卖店。

3. 橱窗推荐和下架时间随意，错！

这两个因素是网店特有的，很多新手都可能不重视，但是很重要。

橱窗推荐可以理解成淘宝给你的一个加权工具，你设置的产品，搜索就瞬间加权重了。现在新出来的**精品橱窗**更是有用，加权的幅度更大。可惜淘宝给你了，你都不重视，没去设置。

下架时间会长期在淘宝里存在，保证淘宝商品的多样化。因为如果没有下架时间，缺少了产品轮播，消费者无论何时搜索看到的都会是那几个爆款。我曾经帮一个女装 C 店做内训，发现他们有一个很大的失误，就是下架时间的设置让自己店的商品全都在一起竞争。

下架时间越靠近，商品排名越靠前，不管是 PC 端还是无线端都遵守这个规则。但是，基于第二个规则——打散原则，如果你有多个宝贝即将下架，只展示前两个，其他宝贝打散到后面页面，获取的展示机会就很少。

现在很多的女装店都有培养老顾客的习惯，定期上新，这个基于商业角度来看，非常好。但是，上新之后一定要重新去调整下架时间，相同细分类目的宝贝，因为具备非常多的相同关键词，应该在下架时间的分布上错开。

所以建议大家，店铺要基于细分类目设置**多个上下架计划**，一个细分类目一个，新上架的产品只要放对类目就可以自动分布，这样可以保证你店铺的宝贝大部分时间是一致对外的。

4．标题里的关键词，客户搜什么放什么，错！

如果你的产品可以做礼物赠送，比如珠宝、项链，那么你做营销的时候，当成礼物定位，标题也写生日礼物，客户在淘宝上搜索这个词，是不是就可以看到你的项链？

答案是，不能！

淘宝搜索的工作第一步是界定范围，比如你搜索 iPhone 手机，淘宝就会在手机类目下的商品匹配关键词。当你搜索生日礼物的时候，淘宝搜索的第一步是思考应该展示哪个类目下的产品。如果当客户搜索这个词更多都会选择礼品和玩具类目，那么搜索就会匹配这两个类目下的标题，而你在珠宝类目，即使标题有这个词，也不能被展示。

我看有学员做陶瓷的，但是他们的陶瓷主要定位是礼品。这时候如果他们的商品放陶瓷类目下，那么只能展示给那些明确想买陶瓷做礼物的消费者。而对那些搜生日礼物，不明确要买什么的客户，就失去了展示机会。也就是说，可以尝试差异化的定位，把陶瓷礼物放到礼品类目，流量可能会更大。

综上所述，就是除了上面的"规矩"，还要在遵守淘宝规则的前提下，你再思考怎么做淘宝，可以尽情地把线下的经验照搬过来。

我看到很多掌柜都在学习淘宝运营方法，比如打爆款过程的第一步、第二步……如果你学到的东西千篇一律，多半很难成功。因为做好一个淘宝店铺，没有"成功公式"。而古往今来著名战役的成功，往往都是出其不意，不走寻常路。

或许，淘宝店成功的秘籍是"别认为你做不了电商，了解'规矩'，然后尽情发挥"。

问题

问题1：同类目多品牌战略，如果一个团队在淘宝操作行不通，应该怎么办？

答案：

___

问题2：你的店铺有没有跨多子类目运营？怎么调整？

答案：

___

问题3：橱窗推荐和下架时间的原理和设置思考。

答案：

___

问题4：类目属性的原理和设置技巧。

答案：

___

笔记

___

史玉柱教你做淘宝

这是一篇虚构小说。话说我梦中遇到史玉柱，被史玉柱收为弟子。接下来就是师父教徒第四大招：产品关、策划关、管理关、团队关。当然本小说纯属虚构，如有雷同，那是缘分。大家不只是可以看史玉柱的理论如何应用到淘宝上，还能看看我对于淘宝的一些理解。

话说 3 年前，淘宝卖家贾真上"非诚勿扰"，因为说自己是做淘宝的，遭遇到女嘉宾无情的灭灯。当主持人问我你的梦想是什么时，我回答：男人 3 年就是一个轮回，3 年可以改变很多的事情。如果说梦想，希望我 3 年之后能够排到中国富豪排行榜。当时全场嘘声响起，我也在音乐"可惜不是你，陪我到最后"中黯然走下了舞台。

时至今日，3 年期限已到，我虽不能说一事无成，但却离目标甚远，心中甚是苦恼。

一日，我午休，睡梦中遇见一穿着红衣的高人，姓史名玉柱，江湖人称"营销界独孤求败"，如今已退隐山林。梦中我把苦恼说出，史玉柱叹息："你是我至交好友风清扬的徒弟，你做不好，也坏了他的名声，我就帮你一把。你记住，商业思维万变不离其宗，做淘宝也一样。"

我连连点头，史玉柱接着说：

"听有实战经验的人说话，悟性高的一般也只能学个 5% ～ 10%，真正剩下的要靠自己干，在自己干的过程中摸索和体会。即使听过了不能消化，也有好处，在犯错的过程中别人若需要 5 个小时醒悟，而你可能两个小时就醒悟过来：这个错了。能学到多少，就看你的悟性和造化了！"

我连忙叩谢，心中甚是兴奋，嘴上忙说："那是那是，有这么牛的师父指教，弟子一定会用功学习，不给师父丢脸。"

史玉柱顿时严肃起来：

"你记住了，你看着别人成功好像很容易，但别人一定是用心血浇灌出来的，就别指望有太多捷径要走。想要练就绝世的销售武功首先必须打通四关：产品关、策划关、管理关和团队关。"

我是何等的乖巧，把史玉柱的每句话都牢记在心，还做了详细的笔记。

后来有人觉得我的记录很有道理，就收录到史玉柱的一本书中，叫《史玉柱自述》，从此这本书大卖。当然这是后话，暂且不提。此文中所有单独引用出来加粗的文字，大多是出自史玉柱的原话，可以在《史玉柱自述》书中找到。

接下来看看史玉柱如何教我过这四道关！

一、产品关

我小心翼翼地坐在史玉柱的对面，史玉柱道：

"别着急，来，喝茶。生活其实就像喝茶，拿起，喝茶，然后放下。跟我做生意一样，把一个一个产品做起来，一个一个又慢慢放下。"

提到产品，我立马想起脑白金，就直接拍史玉柱的马屁了："脑白金那样的产品，都能被师父销售得那么好，简直是神一样的营销，我对您的敬仰之情犹如滔滔江水，哦，太俗了，真是令我辈高山仰止、望尘莫及！"

我说完，笑呵呵地等着史玉柱的表扬，没想到史玉柱脸色微变，放下茶杯，正色道：

"我知道社会对我有很多误解，我不愿做太多解释。任何一个产品如果对消费者没有帮助，骗一年、二年可以靠营销，但是卖 13 年仍然很有生命力，这必须有一个真正负责任的产品去支撑！"

我面露疑色，心想我要你教我营销，你却在这里讲大道理，大道理谁不会说啊。史玉柱似乎看透了我的心思，接着说：

"我给你举个例子，看你能否明白：**全国性消费品，不管国内还是国外产品，在北上广 3 个城市全部都亏钱**，销量有可能还可以，但是费用太高。真正赚钱要扩大消费者，不能靠广告，广告只能起一个引子的作用。而这个引子能否起作用，根本是产品能否给消费者带来好处。所以，**产品的好坏，决定的是你这个产品到底是赚钱还是亏损。**"

到这里，我基本明白了，俗话说"小胜靠智，大胜凭德"，这句话主要表达的是做销售要有大智慧。靠某个技巧取胜，都是小打小闹，如果道不对，再多的术也起不了任何作用。

这使我联想到，现在很多的淘宝运营都越来越偏向数据化，他们能把投入和产出的数字都做得很具体，却也被数据导向了另外一个误区：赚快钱。当他们计算 ROI（投资回报率）的时候，算出的都是一笔订单的费用和毛利，而没有去思考他们是不是应该用更多的精力去升级优化产品本身，使店铺得到更长远的发展。

史玉柱又说道：

"一个产品，想赚钱最终要靠回头客，利润都在这些人身上。淘宝上做生意也一定是如此。"

我回答："是的，现在淘宝虽然有非常多的流量入口，但是能做到盈利的流量入口只有两个：一是搜索流量；二是回头客。付费推广的流量成本高，很少有卖家能做到盈利，而其他流量入口流量相对较少，不能做出太大贡献。付费流量也相当于产品的引子。如果付费流量带来的客户不能成为回头客，那就很悲剧。"

我想，以前淘宝搜索结果页面千篇一律，大家看到的产品都一样，这让搜索靠前的产品流量回报率非常惊人，所以这个入口的盈利会更加快速而直接。但是，当个性化搜索逐步深入之后，搜索流量碎片化，这时候做搜索流量的投入产出就不会像以前那么高。所以现在做淘宝，决定你能否盈利的是一个真正负责任的好产品。

史玉柱接过我的话：

"道很重要，选择好的产品、生产好的产品、对客户有价值的产品就是道。其他引流的方法，包括搜索方面的优化，都是术。听说你跟鬼脚七挺熟的，可以多看看他的自媒体文章，对你有帮助。"

这时我忽然明白了一些事情。虽然大家都在抱怨现在的淘宝不好做了，其实只是因为淘宝的运营不再像以前那样简单而快速，打个爆款就能盘活整个店铺，现在越来越趋于市场化。有危险就一定有机会，这是我深信的一个原则。这样的市场会淘汰一大批赚快钱、想投机的人，而能静下心来做一个好产品的卖家终将在这次进化中胜出。但是，又有问题了，这么多产品，该如何选择呢？

于是我问史玉柱："师父，现在很多人都在考虑转型，希望选择好的产品。既然您给我讲产品，那在选择产品方面应该注意什么？我们应该如何选择？"

史玉柱笑道：

"我给你讲个故事，你自己来体会。**民生银行是个后来者，很小的银行。它不求全，而求精，它是靠小微企业贷款这个产品做起来的，本来 50 万～200 万元的贷款以前是大银行不愿意做的，看不上而且又觉得风险大。民生银行做了调查，发现这一块反而坏账率极低，利率高，最后就靠这个闯出来了。**"

我低头沉思，目前身边做淘宝的，做大众化产品的店铺，虽然销售额还可以，但是竞争相当激烈，最后赚钱的极少。前段时间去东莞一家女鞋店，发现他们日发货量一万五千单竟然还亏损。而一些看起来比较麻烦、市场不大，且不太适合网购的产品一旦做出来，反而都利润丰厚。

想到这里，我抬起头说："选产品一定要有自己的思考在里面，不能盲从，尤其是刚起步阶段。三百六十行，行行都能出状元，一些大家觉得麻烦的不适合网购的产品，这时候如果我们能把问题解决了，会是一片蓝海，有不少宝藏。"

史玉柱第一次露出赞许的目光：

"创业的时候最好主攻一个方向，一个产品。即使做一个产品也不能平均用力，把核心竞争力那一点做足，聚焦聚焦再聚焦。"

我突然联想到以前看到的一条资讯：香飘飘奶茶 2012 年销售额 24 亿元，曾一度扩展到速食年糕、花生两类产品，但结果却惨不忍睹。后来壮士断腕，切掉两个新品，全部精力做奶茶，取得非凡成功。用做淘宝的思路去看，很多人的志向都比这大多了，香飘飘只不过是一个卖奶茶的，史玉柱只不过是一个卖脑白金的。但是，淘宝上有多少卖家，最终只能做到他们营业额的多少分之一。

这时，我对于产品已经有了自己的想法，思路清晰了很多。我对史玉柱说："确实如此，我终于明白了！"

这时候史玉柱摇摇头，喝了一口茶，闭目片刻，然后长叹一声：

"世界上很多事情，都不是我们看见的那样简单，也不是我们想象的那样复杂。其实市面上好产品很多，但是经营成功的连 10% 都不到，原因就在于没过策划关！"

二、策划关

话说，史玉柱说市场上好产品很多，但是只有 10% 能做出来。我心想，那意思就是 90% 的销售没做好其实都是输在策划上面了？我说："淘宝上有10 亿的商品，产品种类也至少有上百万种，品牌应该也有几十万个，但真正做得不错的应该连 10% 都不到。师父您是营销大师，您觉得营销策划到底有多重要？"

史玉柱继续说道：

"在产品确定下来之后，策划是一个企业的灵魂。九成以上的消费品类的企业，它的命脉在营销上面，营销的命脉又在广告策划上！"

我突然想起关于脑白金广告的一个报道，中介机构评估出脑白金一年的广告费投入应是 38 亿元，但是实际只有 3 亿元。我回答："听说您当时用 3 亿元做出了 38 亿元的广告效果，这一定和广告策划有很大关系。您是怎么做到的？"

史玉柱有点儿得意了，点了点头说：

"我的广告策略很简单，但就算公开出去，别人也学不会。先简单地讲，广告策略就是，**淡季的时候蜻蜓点水，旺季的时候全面轰炸，让你烦。**我们的广告给人的感觉虽然很多，其实我们花的钱总量连前五十都排不到。"

我说："现在很多淘宝店铺都很重视推广，很多人做付费推广有点儿赌博的性质，要么看天吃饭，别人投 10 万元，我也投 10 万元，至于效果怎样就听天由命了。这方面您有什么建议吗？"

史玉柱说：

"在营销活动中，我们付出最高的就是策划成本，而不是投在电视、报纸上的费用。听到这里，你有什么想法吗？"

我非常吃惊，原来营销策划成本比本身的市场推广费用还要高！史玉柱在广告之前做的准备要比大家想象的复杂得多！可以这么认为：广告费＝策划成本＋实际投放成本。史玉柱如果要投 10 万元广告费，就要花十几万元的人力物力去做策划，最后才能带来 10 万元有 100 万元以上广告费的效果。

想到这里，我不禁打了一个冷战，说："之前我在做直通车和其他活动的时候，还是太过于简单粗暴，浪费了太多不应该花的钱。"

史玉柱看了看我，点头赞许道：

"孺子可教，其实不怕做广告。对于营销来说，付出的最大成本是做了不该做的广告！"

我接下来给史玉柱介绍了一些淘宝现实的情况。

现在绝大部分做推广的淘宝店，连产品的卖点自己都没想好，描述页做得也很差，就大把花钱做推广。这就是真正地在烧钱。我之前出去讲课的时候，很多企业老总当面给我介绍他们的产品，总能把我说得怦然心动，但在他们的淘宝网页上，却又丝毫看不出这些优点。后来我问他们原因，企业老总说："知道你时间有限，只能挑重点去说。但网页上去做的时候，就把所有的想法都写进去了，反正网页可以做很长很长。"

我说："他们或许不明白，其实留住网上的客户比留住实体店的客户更难！我们在逛实体店的时候，可能不会轻易地离开一家店，因为去另外一家还要跑一些路。而在网上，商品琳琅满目，关掉一个页面非常容易。"

史玉柱听完我的话，说：

"在做品牌、产品的时候，对赚取消费者的利益点，能少尽量少。"

我问："说到广告的展现形式，脑白金连续多年得'十差广告'第一名。但广告效果又这么好，您怎么看？"

史玉柱说：

"消费者内心对于广告都是抵触的！卖产品的广告才是最好的广告！"

我打内心里佩服啊，史玉柱目标非常明确，不是要做一个大家喜欢的广告，而是要让大家知道这个产品。很多卖家在做广告的时候，都希望广告会被消费者喜欢和欣赏，但是这个方向很可能错了。你正在看一个连续剧高潮，突然插播一个广告，消费者一定不喜欢。如果广告做得很文艺，即使关注度很高，关注的也是你的艺术，反而会让客户忽略了产品和内容。

这时，史玉柱眼里突然闪着狡黠的光："提到艺术，我再和你说个故事。"史玉柱接着说：

"我在做游戏的时候，美术设计把新手角色做得很丑，理由是：只有这样才能吸引升级。当时我就驳斥：这绝对是谬论，因为游戏让老手上手不难，最难的是吸引新手留下来……"

我当时马上就联想到搜索主图，自言自语道："能仔细看完我宝贝描述的人多半是对我产品极有兴趣的，留住他们不难。而真正难留住的是在搜索页面瞥了我主图一眼的过客和进入我详情页就匆匆离开的人。这么说来，绝大多数店铺的产品，应该把最大的美术资源和精力留给搜索主图和详情页的最前面……这是否需要一些专业的视觉和创意？"

史玉柱听到视觉和创意，开始批评广告公司：

"广告公司去搞创意，整个就是卖弄技能，卖弄表演。搞营销只有一个关键词，唯一的一个词，就是消费者！"

我点点头，心中有了决定。以后效果展示可以交给第三方公司去做，但是产品的策划文案一定要自己写。如果自己实在没时间，就应让负责写产品描述的人得到公司产品的最高使用权限，任何一个产品他都可以免费使用，可以带回家用，随便换着用，而且必须得用。

说到这里，史玉柱已经兴致勃勃了，嚷嚷道：

"这还不行，不是了解产品就行了。**营销，我觉得最核心的一个问题，还是要了解你是销给谁。想当年，脑白金刚开始试销的时候，我经常去公园找老头老太太聊天，发现脑白金虽然是他们吃的，但是买的人是他们的儿女。就这样脑白金定位成送礼，之后的一切策划、广告，甚至包装都围绕送礼来做。**"

我提出疑问："连包装？"

史玉柱说道：

"**当然，开始做的是胶囊产品，发现这样不适合送礼，体积小，重量轻，所以才有了后来的胶囊口服液。**"

听到这里，我突然能够深刻领会到史玉柱开始说的，成功就像是浇灌了心血的含义。我们太多在淘宝开店的卖家，大都没有深入消费者做调研，就简单地把使用产品的人定位成目标客户。现在看来，即使做男装的，也很可能有一部分客户是女性，甚至不排除"女汉子"买男装。如果典型客户没有找对，那很可能最后越努力越尴尬。我想起之前自己还曾扬扬得意地说"我现在几乎不做客服"，有点儿羞愧难当。

史玉柱说：

"**只要是做消费品的公司，除了扫地阿姨，每个人都应该了解消费者！只有这样，才能把握好营销的方向，找到灵感！**"

话题到这里，我也很兴奋，给史玉柱说了自己的理解。做淘宝除了要了解自己的消费者，还要知道自己的主要流量入口在哪儿，而且必须进行典型客户的行为模拟。

我介绍说："我是卖笔记本键盘膜的，如果只是做销售，不考虑客户从哪里来，我一定会告诉他：键盘膜可以防灰尘，防烟灰，防水，那我会围绕这些去做营销策划。但是做过典型客户行为模拟之后，我发现这些点是错误的：店铺主要客户通过淘宝搜索入口进入我的宝贝详情页，他们在看到我的产品之前，必然有一个动作，搜索'键盘膜'或者相关的关键词，这表明他们其实肯定了防尘防水的功能，所以我想要打动他们，必须说出除了他们已经明确需求之外的卖点，比如，色彩更漂亮，手感更好，超薄散热更好等。"

所以，**策划**的最终目的，就是搞清楚典型客户的消费动机，只有明确了动机，才能在做广告的时候有自信敢于只说一个卖点。

在我头脑最热的时候，史玉柱又给我泼了盆冷水，他说：

"即使你明白了这些，也不一定能做出好策划。**我们过去的好广告，很少有一次性成功的。一下子想出个好点子就能把它实现，这种情况很少。方法出来之后，必须不断地测，不断地试，不断地修正，用心血去浇灌，才可能做出好策划。**"

我理解史玉柱的意思，因为史玉柱有过失败的经历，即使是有好的产品，能做出好策划来，也可能像以前的"巨人"一样轰然倒下。

史玉柱拿起一根烟，我马上掏出打火机给他点上。

史玉柱深深地吸了一口，烟头的红光映着他有点儿疲惫的面容。史玉柱看着慢慢燃烧的香烟，悠悠地说：

"我知道抽烟不好，但在我最艰难的日子里，它一直对我不离不弃。**我是一个中国著名的失败者。做好了产品、做好了策划，也有可能无法**

成功，因为还有管理关至关重要。很多企业都死在这上面，我已经‘死’过一次了。"

三、管理关

话说史玉柱认为过了产品关和策划关以后，还必须重视管理关。我这时知道史玉柱要说干货了，于是安静地听着。

史玉柱说：

"在 1994 年，我看传记、党史比较多一些，最深的感受是，办一个企业与建立一个政党、一个国家非常相像。任何群体达到一定规模之后都必须建立严密的组织，组织对于团体的作用是非常大的。有意思的是，如果你觉得管理的不规范是因为制度的不完善恰恰就错了，反而是因为各种制度太面面俱到了。管理制度有一尺厚，很细，最后导致巨人的管理流于形式，企业没有战斗力。管理在有些地方要粗犷一些，主要是责权利的配套。"

说到这里，我也有切身体会，想起了自己现在的公司，于是给史玉柱汇报：

"我开始以为把各种制度做得越细，公司就越规范，后来发现太理想化，制度执行起来难度很大。一次生病住院，得到邻床的‘高人’指点，说公司管理不应该奢望大家自觉和无私，应该直面员工的欲望，想办法通过满足他们的欲望令员工的需求和公司的目标基本一致。后来的措施是希望员工哪里应该做好一点儿，就在相关的地方落实粗略的制度，再增加一些绩效奖金。结果很好地达到目的。"

"咳，咳。"史玉柱打断了我的思路。

"该粗犷的地方粗犷。但是在运营上面，还是需要细节为王。**绝大多数公司其实不需要战略家，而要战术家，确定了战略，只要方向正确就要坚定**

地走下去，这里的战术说的就是细节。脑白金有明确的终端摆放原则：不少于 3 盒，高度不低于 1.5 米，不高于 1.8 米。因为 3 盒一起放最能引起消费者注意，而在 1.5 ～ 1.8 米的范围内最容易被看到。"

听到这里，我心里暗想：这像极了淘宝产品主图视觉，不知道有多少店铺能够针对消费者制定明确的主图要求，有没有思考什么样的主图会在点击率和点击转化率方面有明显优势，并制定出店铺主图规范。或许，我们研究而确认的主图规范在某个产品上的效果并不明显，但是对全店几十几百个产品长时间带来的帮助甚至可能决定了店铺的搜索流量走向。

我说：

"在如今的信息爆炸时代，店铺真正的核心竞争力不在于什么爆款打造秘籍，而在于很多别人看不到的细节。这就能解释为什么很多大店看起来没有什么特别之处，但却能一直保持着优势和领先。"

"说到核心竞争力，大部分人做淘宝店，不光产品会做共性，连运营做得也很有共性，没有自己独立的思考。别人开通直通车，他也开通，别人做钻展，他也一定要做，就包括最近的微淘也要做，好像自己不花这些钱就亏了一样。最后很可能的结果是，直通车 ROI 超低，钻展很多操作都没弄明白，微淘做了几天没耐性了。"

"个人觉得，像这种全面用力方式的运营方法很可能最后全面平庸，除非有极其强大的团队。就像做淘宝跨类目经营一样，在某个类目某个产品上我们花的精力是我们的 N 分之一，但是我们的对手可能投入的是百分之百，我们怎么斗得过别人？电子商务无限扩宽了市场，却也最大限度地加剧了竞争。"

史玉柱静静地听我说完：

"你整个思路是正确的。哪怕是一个产品，每个人也各有侧重。经营脑白金的时候我只管广告，而做征途网游的时候，我就只管产品的游戏性。老板自己除了掌握大局之外，还要抓一个影响公司销售的最大点，而这个点在不同的项目是不同的。"

得到了肯定，我有些得意，继续说：

"对于不同的类目，不同产品的店铺，比运营更重要的一件事情是，你要先弄清楚，要最大限度提高营业额，什么对你最重要？像我做标品，3C 数码行业，因为标准化所以搜索的流量对我尤其重要，而在一些高回购率的行业里面，把太多的精力放在搜索而不关注口碑，很可能就是愚昧和浪费。做事情千万不能盲从！"

听到这里，史玉柱说：

"**找到自己运营的点之后，老板亲自去抓，更大的作用是整个公司的资源、人力、财力、物力，会往那个方向流去。很多公司的特点就是创始人的特色，并不是公司所有的人在这方面擅长，主要就是因为老板的关注决定公司资源的方向。**"

提到运营策略，我立刻想到一个难题，抛给史玉柱："曾经风靡淘宝的低价竞争，一度淘宝可以价格低到无节操，你敢不赚钱卖，我就敢亏 10 元。你敢亏 10 元，我就敢亏 20 元，到最后没有最低，只有更低，厂家也捆着卖家一起亏。很多刚做淘宝的卖家一看傻眼了，这价格比我进货价还低很多，这怎么做？"

史玉柱说：

"我一直反对降价销售，脑白金 11 年来没降过价。世界知名的厂家还没有一个因为降价而增加总营业额，但因为降价死掉的却比比皆是。降价是毒药，降一次，第二次必须比第一次幅度更大才能有效果。降价一般能促进季度销售额，对于整年和长远的营收往往是致命伤。不管淘宝规则怎么变化，不会背离市场需求。有人喜欢便宜货，也一定有人喜欢精品。这个市场里客户需求会一直在那里，波动大的是竞争，低价需求一定是很大的，但如果淘宝 90% 的卖家都在做低价，反而会让精品市场特别空虚，做起来倒相对容易得多。"

说到这里，史玉柱突然话锋一转：

"独孤求败的四把剑你可否知道？第一把无名利刃，'**凌厉刚猛，无坚不摧，弱冠前以之与河朔群雄争锋**。'第二把紫薇软剑，三十岁前所用，误伤义士不祥，乃弃之深谷。第三把玄铁重剑，重剑无锋，大巧不工。第四把柄已腐朽的木剑，不滞于物，草木竹石均可为剑。当你有招式的时候，别人一定都可以破，只有你无招的时候才是无敌。"

"说到底，一个企业最核心的实际还是靠人。"

四、团队关

史玉柱上回说到**最核心的还是靠人**。

我说："是的，是的，团队要是厉害，什么事情都能做成。但是我们小企业，怎么可能找到那么厉害的人呢？"

史玉柱摇摇头说：

"不对。厉害的人不是找来的，都是自己培养起来的。先不说我的团队，阿里巴巴够大吧，你看看现在阿里的高管，有几个是外来的？大多是最早跟着马云一起成长起来的。自己培养的人，会对公司很有感情，真正能跟公司一起成长，同甘共苦。"

我说："有道理。我现在知道很多淘宝店都是夫妻店搞起来的，请的人也都是自己的一些亲戚，这种是不是很有问题？"

史玉柱说：

"这种方式有好的一面，也有不好的一面。好处在于能放心，很多公司最开始都这样。但如果希望做大，还是要正规。要调整结构，用人需要更看重才能。只有团队强了，才会有抗打击的能力。"

我这时想起了很多淘宝卖家的倒闭案例，大多不是因为产品不好，也不是因为市场不行，而是内部团队的问题，有的要闹分家，有的核心骨干带着小团队离开……我说："像我们这种小微企业，一旦业绩不好，很多员工就不稳定，跳槽走了，对公司影响很大。你之前那么大的公司倒闭后，居然还有人跟着你，真的是个奇迹。"

史玉柱有点儿感慨地说：

"很多企业都不可避免地会犯错误，大批企业摔倒了就爬不起来了。而我尽管摔的跟头很大，但最后能爬起来，主要因为团队没散掉，还遇到一个好产品。当时干部团队差不多有三分之一到二分之一还在，他们给我鼓励。在我的一生中，让我最感动的就是我的团队。"

说到这里，史玉柱仿佛又回到了当年。

我说："我好奇的是您怎么做到的？背后一定有一些秘诀。"

史玉柱回答说：

"没有什么秘诀。大家都说我们用人的时候，要德为先。相对应的，你作为公司的核心，你的员工同样会看你正不正，够不够大度。如果他们觉得你是个小肚鸡肠的人，一有风吹草动，肯定就会离你而去。我自我感觉，我的缺点很多，但是我对部下真诚，这样容易建立一种信任。"

我说："就是因为信任你能行，所以就一直跟着你？"

史玉柱说：

"作为一个老板，琢磨员工为什么跟着自己干，要实事求是地说，最重要的就两点，为了**钱**和**自我价值实现**。回避这些问题的老板就是不真诚的，那你的员工对你也不会真诚。同时，你还要让团队在一起工作有意思，否则就不会是一个持久的团队。"

听到这里，我脸上不禁有点火辣辣的。确实在很多的时候，我们甚至会回避问题来自己骗自己。或许，一个公司刚起步阶段可以靠老板的个人能力，但是之后要想快速成长，很重要的就是老板学会分钱。把钱分好了，公司的管理就相对简单了。

我想，看来我要制订一个长远计划，要搞一个股权制，要把股份分给员工，要开始培养团队，要建立信任………

突然微信叮咚一声，把我从梦里拉回来。

桌上一本翻开的《史玉柱自述》已经被我睡梦中的口水打湿。同事捂着嘴问："做什么美梦啦，刚才听你笑了！"

我一愣，赶紧在本子上记下：

选一个高毛利的快消品，起个好记的名字，先试用升级产品体验，再快速试销收集数据和典型客户反馈，接着慢慢进行策略调整，在保证回购率的同时，不打价格战，把人力、物力集中在广告策划上，不惜财力用广告去突出产品的某一个好处，最后在这个行业形成你的核心竞争力。

就在我写完这些的同时，耳边仿佛听到一个声音：

"独孤求败其实还有第五把剑，那便是无剑。"

问题

问题：史玉柱系列不需要问题，留个空白笔记让读者自己思考吧。

答案：

PS：把笔记部分问题思考改成"我问"是不是更好？可以提升品牌名字的记忆度。

笔记

2

全职淘宝

淘宝"销量"怎样影响搜索排名

经常有淘宝掌柜找我抱怨："凭什么他的宝贝只有 300 件的销量，人气排名却能排在我 500 件销量的前面？""现在淘宝搜索排名很乱，和销量没关系，根本看不明白。"

在刚开始研究淘宝搜索的时候，我也确实不理解，后来拿这个事情问搜索部门的小二，得到的答复是："销量仍然是影响搜索的最大因素，但是如果你让我解释为什么这个销量 300 件的商品能排在 500 件的前面，是因为搜索在看销量的时候，不仅看销量的数字，还看产生这个销量的 ID 和它在整个淘宝网的购物行为。"

"甚至同样的一个销量，哪怕它都是通过搜索，顾客的 ID 等级数据一样，也都是店铺新客户，付款和评价都一模一样，淘宝搜索在计算它们的搜索加权时也会有比较大的差异。"

"如果第一个销量是搜索关键词直接购买，我们假设加 1 分，而第二个销量搜索同样关键词，但是浏览了几个商品都没买，最后到你家下单，这时候淘宝搜索就会基于用户行为判断，给这个销量更多的加分。"

我不知道大家看明白了没有，其实如果换个角度来看销量，从淘宝平台的方向来看，或许就能很好地理解销量的意义。淘宝搜索最大的任务就是**给消费者推荐最值得购买的商品**，而在淘宝产生的每一个销量，我们都可以把它看成一个"推荐人"。

如果在现实当中，你想要购买某个产品，问了身边两个朋友的意见。一个朋友在这方面是外行，推荐你买 a 商品，而另外一个朋友是内行，就喜欢研究这些东西，他推荐你买 b 商品。这时候即使你这两个朋友都是平等的"推荐人"，但是我相信绝大多数人都愿意相信内行的建议，选择 b 商品。

这时候你不知不觉中也会像淘宝搜索一样，把两个相同的"销量"不平等对待了。换句话说，**淘宝商品的每一个"销量"都相当于一个"购买建议"**，因为给出建议的人和行为不同，加分会有比较大的差异，所以，销量 300 件的排名在销量 500 件的商品前面，是完全有可能的，而且反而更合理。

当然，销量少的商品排在销量多的前面的因素不仅基于这个**"销量贡献值"**概念，还有很多，比如**品牌打散原则**。每个品牌在单个结果页面展示的数量是有限制的，大概是 5 个。如果你的产品销量不错，还排不到前面，要看看是不是前面页面里和你同品牌的商品销量比你好。

比如**手机淘宝的低价屏蔽**和个性化，你去搜索某个关键词，会发现在手机淘宝首屏里，除了直通车商品，展示的商品没有低价的，都是高于某个固定价格的。这时候你销量再高，达不到"首屏最低价"也排不到前面。

比如**同价位竞争原则**，每个结果页面你要去竞争的，只能是相同价位段，淘宝搜索为了保证差异化的需求都能被满足，每个页面都会展示固定数量不同价位段的商品，所以价格高的即使销量少也会排在前面，因为和你不构成销量竞争关系。

比如**活动销量剔除**，淘宝搜索为了公平起见，会把所有实际成交价大幅度折扣的交易从搜索结果里剔除，不加分。从这个规则来看，现在参加绝大多数活动，对宝贝都是负面作用大于正面，因为在活动期间淘宝搜索看你是零销量，所以一定要分平销款和活动款。

……

这时候我们先暂停一下，理清思路，了解搜索规则不重要，重要的是思考：怎么在淘宝店铺里利用这个规则？

从**每一个销量相当于一个购买建议**这句话理解，影响销量贡献值的因素第一个应该是 ID 等级和购物记录，淘宝区分这个人是外行或者内行主要基于这一点，在评价里我们就能感受到 ID 等级带来的不同：**那些高级别买家账号的评价，一般容易展示在最前面**。

从淘宝的角度来看，这些人有丰富的淘宝经验，所以他们的评价更值得其他买家参考；从淘宝卖家的角度来思考，我们要让客服特别关注这些级别高的账号的询单转化率，拍下未付款一定要催付，因为他们的销量加权高。

如果一个销量是新客户成交，而另外一个销量是店铺老客户成交，这个体验过产品的客户再来购买，从行为上来看，更能够证明产品好，就更值得推荐，所以销量的权重一定远高于新客户。

因此从这个角度，我们作为卖家，引导老客户的二次成交就变得越来越重要。保持正常的老客户回购频次，并且在淘宝销量计算规则限制之内，就一定能获得比新客户销量更大的销量贡献值。

再从用户行为上分析，如果一个客户直接成交，而另外一个客户经过了搜索，并且比较了其他店铺的商品，最后再到你这里成交，搜索就会基于该用户行为去认定加分。至少从这个客户角度，他认为你的商品综合竞争力是强于他比较过的其他商品的，所以最后才会购买，因此加分就会比直接成交的要多。

综上所述，基于淘宝搜索的**销量贡献值**的权重，如果我们店铺在上一个新产品之后，有意识地针对我们店铺级别高的老客户去做促销，给他们一个类似"**品牌名＋关键词**"的搜索购买活动，就可以在新品期间用很少的销量获得非常大的搜索加分，然后快速地排在淘宝搜索结果的前列。

现在，你知道该怎么做了吗？

问题

问题：怎么在淘宝店铺运营里用到"销量贡献值"概念？

答案：

___

笔记

___

现在刷单为什么效果差

最近经常有掌柜给我留言，内容类似：店铺尝试了很多运营技巧，包括内外活动、刷单什么的，但是自然排名始终上不去，甚至说迫于库存压力、家庭和员工压力，感觉都活不下去了。

统一给大家做个解释，目前淘宝对于虚假交易的判罚，大概分成两类：一是判定虚假交易，**单品降权**。二是疑似虚假交易订单比例过多，**店铺诚信分降低到全店降权**。

先说第一种，虚假交易的判罚，看官方给的定义：

"天猫会多维度审核，比如参加过第三方平台炒作，交易是否规范，是否有同事、亲戚、朋友购买。若通过其他群或第三方平台，会直接做出处理。买家如何拍下付款、后期确认收货，以及后续转账等完整的在淘宝操作记录。若交易来源本身有问题，后期即便是您真实发货了，也会执行处罚。"

解释一下：这种淘宝判定虚假交易的方法，基本原理是基于正常客户的购物行为模型，排查异常的行为，比如物流信息、客户 ID 和商家 ID 的 Wi-Fi 串联信息，PC 或手机等硬件共用信息，购物过程的搜索、浏览、停留时间数据，以及支付宝账款的流转信息等，一旦判罚虚假交易，单品降权，对全店无影响。

主要说第二种，基于店铺后台的一个隐藏分，**店铺诚信分降低带来的全店降权**。很多懵懂的掌柜，学着别人去刷单最后没效果，基本问题就在这里。

先说淘宝查虚假交易的最大难点，是算法的准确率即使能做到 99% 甚至以上，也没办法推行。原因是用户基数太大，上亿的交易笔数，1% 的错误率波及的交易笔数就有上百万，这样会对平台的稳定性带来很大影响。

所以，**我猜测**：平台为了稳定着想，引入了类似"**嫌疑人**"的机制。先建立一个买家黑名单账号池，把有可能刷单的账号筛选出来，然后再套用机器建立的刷单算法模型去筛选，这时候筛选出来的虚假交易准确率会在 99% 的基础上再大幅度上升。

一个店铺的交易，如果大量都是来自于黑名单账号池的成交，即使算法判断不出来虚假交易，你的店铺诚信分也会降低，进而影响整个店铺的搜索展现。

买家黑名单账号池是怎么建立的？

基于正常客户的行为，消费者打开淘宝网页 10 次，购物的概率可能是 5% 或者 10%，但是刷单的账号，因为他们的任务是成交，不管他们中间做了什么行为，如浏览深度、旺旺沟通、收藏等，最终都会下单，所以他们的**购物概率异常于正常账号**。

还有一些刷单账户，他可能刚开始是正常的用户，但是不小心误入歧途加入了刷单团伙来赚钱，随着他的交易越来越频繁，慢慢地账户就会进入黑名单账号池。当然，如果这个人做了一段时间刷单，良心发现，慢慢脱离团伙，随着交易频率的正常和时间的推移，还是会慢慢地洗白成正常账号。

说到这里，有的掌柜害怕了，那如果刷单团伙的某个人，突然心血来潮到我店铺拍下个宝贝，对店铺会不会带来很大的负面影响？

答案是：不会，而且会正常计入销量。**诚信分看到的交易比例**，如果 100 笔订单有一笔是黑名单账号池的，淘宝认为这是偶然性存在，不仅不会减分，还会正常加分；但是如果 100 笔订单里，有几十笔都是来自黑名单账号池的，那出现这种偶然性的概率就微乎其微，这时候店铺诚信分会大幅度降低，降低到某个分值以下，全店搜索权重降低。

综上所述，其实现在**绝大多数刷单公司都摆脱不了黑名单账号池的监控**，因此很多卖家做的所谓的刷单都是表面销量增加，实际全店被降权，流量不增反降。

建议已经有这种行为的人立刻停止，交易正常后，让时间慢慢恢复诚信分。

有没有机会知道自己的诚信分现在是多少？

答：没办法。但是如果你报名参加活动，尤其是"双十一"、"双十二"的时候，如果因为诚信经营问题被拒绝，而你又没有被判定虚假交易，那么说明你虽然做假天衣无缝，但是交易中存在一定比例的黑名单账号订单。

去年"双十一"很多 TOP 卖家连海选都没过，基本都是因为这个原因。

还有一种情况，不是虚假交易，但是会带来店铺诚信分大幅度锐减。虽然扣分不多，但是店铺搜索流量会持续影响 4 ~ 5 个月以上，比全店扣 12 分还严重，那就是 **C 店被判罚售假**，被判定**发布非约定商品**。掌柜在运营的时候，千万不要犯这个错误，不然带来的是灭顶之灾。

当然，即使我们觉得懂了很多，淘宝对于虚假交易的算法仍然比我们想象的复杂得多，比如我们看到的数据只是客户在我们店铺的行为，而淘宝会看客户在整个阿里系完整的行为。魔高一尺，道高一丈，毕竟你个人对抗的是淘宝最精锐的工程师团队。很多时候，你以为自己抓住了漏洞，但是当被更多的卖家知道后，这个漏洞就很快被修复，比如前段时间风靡的"全额返现"。

其实，作为卖家，我觉得最近淘宝真的很好做，接触了两个全新的类目，销售额都在大幅度上升，原因是我发现我的竞争对手们经历了疯狂刷单的一年后，现在除了刷单，竟然什么都不会了。

问题

问题 1：你以前的刷单行为，有没有可能把你的诚信分刷低？

答案：

_____

问题 2：你的对手除了刷单还做了什么？如果有什么事情没有做，那你做了吗？

答案：

_____

笔记

_____

_____

多开几家淘宝天猫店？错

先引用阿里 CEO 逍遥子说的一段话：旗帜鲜明地说，什么是低价？低质会带来低价，低价以后会恶性循环带来更低质，这里是一个因果关系。我想所有做商业的同行，我们应该会有共同的观点在这上面。而从商业的本质来讲，怎么在电子商务端培养一个品牌的忠诚度、品牌的内涵、品牌的积淀，我觉得需要时间，而不是通过半年、一年就能打造一个所谓的品牌。很多创业者，开始是抱着品牌的理想来的，但最后迫于市场的压力、资本的压力、增长的压力，必须做得越来越宽，做得越来越薄，做得越来越快，这个时候所有东西都是双刃剑，此时再想做品牌、做溢价的时候，这个品牌已经做不出来了。

逍遥子在谈到淘宝搜索改进的方向时说，现在的搜索将从原来的**以产品为维度**的排序算法，慢慢转变为**以店铺为维度**的算法。换句话说，就是现在在淘宝搜索里，**单个商品的排序更多地会受到店铺和品牌权重的影响**，也就是说淘宝会通过搜索权重的调整来鼓励卖家做品牌，而非一味地冲单品爆款。

那么，淘宝怎么判断你的品牌和别的品牌谁的权重更高呢？

答案是：天猫有个专门的部门给各个线上的品牌进行打分，这个分值大概从三个维度来计算：**基础分、服务分、运营分**。

品牌的**基础分**，主要参考品牌的商标注册年限、商标注册地、品牌在百度的搜索指数等，甚至会基于高德地图里实体店信息去读取每个品牌的线下实体店数量和商圈位置，来计算出品牌的基础分。所以，其实阿里当时收购高德，是为了做数据的闭环，实现线上数据和线下数据的结合。

也就是说，品牌基础分大部分是天生的，你很难去改变和影响，不能因为想提高品牌分去开设更多的实体店，成本太高。当然，线上和线下现在已经在融合，几乎所有的传统品牌都有了线上店，而像林氏木业等纯淘品牌也在完成线下店的建设。唯一能够人为提高的，大概就是尽量通过事件营销、品牌的曝光率来提高品牌词在百度的**搜索指数**。还有，建议大家做品牌的话尽量去做一个**品牌官网**，因为到目前为止，阿里还是不允许百度抓取网页，这样一方面可以把百度里的流量引入到淘宝里，另一方面，也能提高品牌形象。

品牌打分的第二个维度是**服务分**，很简单，这个是看你品牌的品质退款率和退货率等服务因素，不用多做解释。

重点说一下第三个维度**品牌运营分**，它是基于品牌在淘宝的**总销售额**和**活跃商品店铺数量**来计算的。经常会看到这样的数据，某个店铺在某类目里是第一名，店铺销售额遥遥领先，但是看品牌销售额排行，线下某品牌可以几倍于这个线上淘品牌的销售额，为什么？

我仔细分析了这样的两个品牌数据，发现线下品牌一个店铺并没有销售很多，但是它们的活跃商品和店铺数量有几百甚至上千个，而淘品牌的店铺只有一个或两个，再厉害的老虎也怕狼群。

其实我们仔细思考一下就会发现，几乎没有一个成功品牌只靠一个门店去支撑，也就是说，如果你致力于去做出一个真正的品牌，不管是线下还是线上，你的策略里分销必须是最重要的一个环节。

当然，这里面我们说的分销并不是指开通分销平台这么简单，而是你要学习线下甚至是微商的方式，去做线上的分销商管理和激励。千万不要想着怎么省事，给他们做数据包，让分销商一键上架，原因是如果轻易得到的，就不会去珍惜，分销商需求的不仅是数量，还需要质量。

我虽然很不喜欢部分微商策略，在层层经销商手上压货这种行为不太道德，但也必须赞同他们的观点，如果没有压力就没有动力。所以，我们在发展品牌分销商的时候，上架产品必须让分销商自己一个一个来做，刚开始即使不能让他们付出金钱，至少让他们付出时间和劳动。而且，在做这个的过程中，他们也完成了对产品的了解。

我一直相信一句话，要想成就自己，必须先成就别人。所以，在做分销商的时候，一定要帮助别人赚到钱。全网限价必须是核心，还要提供免费的培训，让他们先入门。接着，设计分销商等级和奖励机制，每天公布淘宝销售件数前五名的店铺，并且给予额外奖励等。

综上所述，我建议每个淘品牌必须要有一个分销专员，使用旺旺每天和同类目的淘宝 C 店掌柜聊天，吸引分销商加入。对他的考核也很简单，可以用分销商的业绩总和提成。当越来越多的卖家都上架了你们的产品时，即使刚开始品牌销售额没有提高很多，但是因为活动商品和活跃店铺数量增加了，你的品牌加分就会大大提高，你也很可能会因此被邀请进入天猫品牌库。

最后，我非常不建议同类目去开多家店铺，不管是淘宝店还是天猫店。可能很多的卖家都不知道，搜索会通过算法去识别并加以限制，不仅是基于网线 IP，还有电脑 MAC 地址、商品编码、后台注册信息、发货地址、退货地址等，所以你可能会有感觉，不管你新开几个店铺，只有一个店铺的搜索流量是最正常的，其他店铺很难做起来。

在淘品牌的发展当中，旗舰店只做展示和标杆，帮助品牌分销商成长才是核心，也是淘宝希望你发展的方向。

问题

问题 1：将品牌分销的发展思路和流程梳理出来。

答案：

_____

问题 2：如何提高自己品牌的品牌调性分，进入天猫品牌库？

答案：

_____

笔记

_____

做搜索必知的"消费者行为投票"

我刚开始分享的时候，最大的"卖点"大概是"10分钟进豆腐块"，教淘宝掌柜按照我的说法重组标题关键词排序，利用我当时提出的"**紧密匹配**"原则，再加上**豆腐块价格模型**原理，基本可以让半数以上的掌柜10分钟之内从排名几页之后，瞬间进入搜索结果前三名。

我能发现这个"秘诀"的原因，是我在阿里通过一次赛马成了"**淘宝搜索客座专家**"，然后，为了对得起这个名头，能够准确解答卖家的问题，我就对淘宝搜索排序有了近乎痴迷的热爱。

那时，有很多卖家对于标题的问题都很类似：**为什么搜索"韩版 T 恤"和"T 恤 韩版"结果展示不一样**，甚至搜索词加不加空格，结果也有**差异？**

为了解答这个问题，我就用自己店铺的商品做测试。测试方法很简单：我先去搜索某个关键词，比如"超薄 手机壳"去看它在搜索结果里的**人气排名**，记录下来，第一页第15名；接下来，我调整标题，把关键词"超薄"和"手机壳"位置互换，等大概10分钟，搜索结果**人气排名**更新后，记录下更改后的即时人气排名，比如第一页第25名。

如果在改过标题后人气排名下降了，我就认为这种写法不利于搜索排名。对于加不加空格，也会更改后进行排名测试。

大家注意一点，我反复强调的是人气排名。原因是在 PC 淘宝时代，综合排序随着宝贝的下架时间会动态变化，不稳定。而人气排名的销量分每天只有在早上8点更新一次，其他时间如果人气排名产生变化，就一定是标题的相关性产生变化引起的。

所以，当我发现改标题会引起排名变化后，像发现宝藏一样很兴奋，连续两天没有睡觉，不停地修改标题关键词的匹配方式，来测试哪种写法会提升排名。最后总结出来，有利排名的写法权重是**紧密＞前后＞靠近**。也就是说，关键词的写法和客户的搜索关键词结构相同度越高，在销量不变的情况下排名越好，10 分钟立即见效。

其实后来了解到，这个规则是淘宝搜索当时的**"文本相关性模型"**，从标题文本的书写格式来判断你的产品和客户的搜索需求是否一致。

当然，如果你看不懂以上的复杂理论也没关系，因为自 2014 年 12 月份左右，上面的算法就完全失效了。当时，我在广州像往常一样做卖家分享，大家按照我说的去调整标题，但是非常意外的是，当时所有卖家没有一个通过这样的技巧带来人气排名提升，更不要说进豆腐块了。

回去之后，我非常愧疚，"闭关"来研究，发现带来这个变化的原因，是淘宝搜索用新的排名算法**消费者行为投票**代替了之前的**"文本相关性模型"**，也就是说现在关键词在标题里的位置和写法大部分不影响排名了。（注：只有少数的"特定词"还会影响，比如"中大童"可能就不包含"中童"）

大家要注意的是，在学习淘宝运营技巧的时候，时效性要特别关注，因为很可能当时特别有用的"绝招"，淘宝的规则一更改就变成"歧途"了。所以在 2014 年之前听课的卖家如果还在盲目地用我的方法抢豆腐块，就完全错了。

简单介绍一下**"消费者行为投票"**，其实这并不是淘宝搜索部门发明的，而是谷歌搜索的功劳。谷歌在很早的时候，被美国的法院要求屏蔽色情图片显示，但是他们的技术部门在制定屏蔽算法的时候，觉得特别难，因为机器算法无法识别图片内容是色情，还是艺术或者是医学图片。

谷歌的"文化"是如果有问题解决不了，就贴出来征集大家的意见。当时就有个其他部门的员工看到问题后找到技术部门，说能解决这个问题，方法是把图片点击率特别高的筛选出来，并且把停留时间特别短的去掉，剩下的大概就是色情图片了。

我估计，他能想到这种方法的原因，大概是分析了自己浏览色情图片的行为特点：看到裸体的时候点击欲望特别高（点击率高），但看缩略图时以为是色情图片，点开之后发现是医学解剖图片就会快速关掉（停留时间短），然后寻找下一张。

后来这个技术谷歌不仅用在了屏蔽色情图片上，还用在了新的图片搜索上，基于用户的行为来找出符合用户需求的图片，用户搜索量越大，最后的结果就越准确。

而现在的淘宝商品搜索，也应用了这个规则。从"色情图片屏蔽规则"来看，很多的淘宝掌柜使用一些"欺骗性"图片去骗点击率，其实是无效的。比如，你虽然用一个牛皮癣的主图写上类似"老板娘跑了"吸引到用户点击，但是基于用户的点击只是猎奇，停留时间很短，所以淘宝搜索能够判断出这样的点击是无效的。

这个规则真正地让淘宝搜索回归到"人性化"。举例说明，之前顾客在淘宝搜索"韩版 T 恤"的时候，排在前面的宝贝大概基于人气分，搜索只能根据文本相关性来粗略判断这个爆款的 T 恤到底是不是"韩版"。而现在客户在淘宝搜索"韩版 T 恤"，淘宝会基于客户的点击和停留时间来判断商品是不是"韩版"。虽然爆款展示在前面，但是当搜索关键词的客户不认为主图展示的商品是"韩版"，就很少会点击，而后面的某个宝贝如果是真的"韩版"反而点击率会更高。随着更多的客户有类似的行为，淘宝就会基于"消费者行为投票"，把真正的韩版 T 恤排名提高。

讲到这里，我要说一点，很多的卖家都想知道搜索排序的规则权重，但是仅知道权重并没什么用。对于卖家来说，比起"知道"更重要的是如何"**利用**"规则。

第一批了解这个规则的卖家，做了一些投机的技巧，比如"**刷点击**"，做法大概是不停地用不同的用户搜索同一个关键词，然后点击自己的宝贝，并保证停留时间，以此来欺骗淘宝搜索的"消费者行为投票"算法。

这种做法短期确实有效，但是很不稳定，原因是排名和"消费者行为投票"并不是固定不变的，而是**动态变化**的。也就是说，通过刷点击确实可以短期提升排名，但是如果你维持不了持续高的点击率，排名也会基于用户点击行为快速下降。

所以其实真正能利用"消费者行为投票"的方法是：**让客户长期帮我们"刷点击"**。而能够做到这点的方法，就是让产品精准匹配客户搜索词，而要做到精准匹配，需要产品从原来的**"全功能爆款"**转变成现在的**"单卖点神器"**。

举例说明，几乎每个面膜产品都具备美白、保湿、补水、晒后修复等功能，所以为了做爆款，覆盖更多的用户，很多卖家会选择把所有的卖点在一个商品上罗列。

但是从客户的搜索关键词数据我们发现，绝大多数客户购买产品时，需求都是单一的，比如他们只会搜索"美白面膜"，很少搜"美白保湿补水晒后修复面膜"，而这时候，如果一堆产品供客户选择，那个只说自己"美白"的面膜反而更能赢得客户的信任，获取到点击。

就像我们看到市面上的成功品牌，往往也都是单卖点的，比如，怕上火就喝王老吉，送礼就送脑白金，美的空调一晚上只用一度电等。

也就是说，如果我们列举出来产品有 N 个卖点需求或者人群需求，要做的并不是全部用一个产品来满足，而是分给 N 个产品。找到最适合这个单卖点的商品，然后整个店铺组成一个**"产品战队"**，八仙过海，各显神通。

换句话说，"消费者行为投票"推动了运营方向的变化，让掌柜从原来的**"单爆款"**战略转向了**"群爆款"**战略。

问题

问题 1：基于消费者行为投票，卖家在做搜索优化时的核心数据是什么？

答案：

问题 2：为了提高这个核心数据，核心的思路是什么？

答案：

笔记

淘宝提示要清洗的订单处理

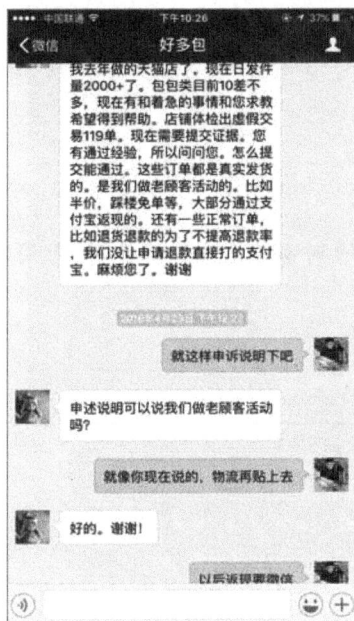

前段时间，很多淘宝店卖家都收到体检中心清洗订单的提示，我自己的天猫店铺也收到了。淘宝怀疑卖家虚假交易，让卖家自行清洗。

后来，我们观察这些问题订单，发现它们的共同特点是**存在支付宝部分或者全额返现**。有的是售后补偿退款，有的是免单活动，而且在旺旺的聊天内容里都提到了支付宝和返现相关字眼。

如果大家遇到这种情况，又是真实交易，建议进行申诉处理，申诉方法为：**详细说明返现和支付宝打款的原因，并且提供交易的物流凭证，证明是真实发货，一般都能申诉成功。**

其实淘宝运营到现在，我觉得更多的运营已经到了营销层面，不能仅局限于死板的互联网技术，要更多地基于产品和行业做一些会员活动策划，比如买家秀发朋友圈给红包、会员日回馈、抢免单等。很可能有一些活动，不可避免地需要和客户有金钱方面的交易，进行支付宝转账。

但是建议大家，以后在做这些活动的时候，尽量使用支付宝以外的交易方式，而且在千牛和旺旺沟通的时候不要出现返现等相关字眼，避免被系统抓取误判降权，影响店铺销售。

问题

问题：做店铺活动的时候，为什么要尽量用非阿里支付方式处理资金呢？

答案：

_____

笔记

_____

一些容易想错的淘宝运营细节

最近几天，在佛山接触了一些当地的淘宝家具卖家，针对客单价高的行业，发现了一些容易犯错的小细节，分享给大家。

1. 拍下到支付的转化率是不是越高越好？

现在很多客单价高的行业，都会建立自己店铺的每天咨询未付款客户 **ID 的表格，然后会有后续员工跟进催付**，以此来提高销售额。所以，我做顾问的家具店支付转化率高达 80% 以上，并且引以为傲。

近日听某知名家具电商的运营分享，因为家具客单价高，做决定往往要夫妻共同拍板，所以转化周期比较长，甚至有的客户 3 月份拍下，到"双十一"才付款。因此，他们把整个销售过程分解，第一步是先想方设法让客户拍下，利用客户的强迫症心理，慢慢完成付款行为。而同时，拍下后能够获取客户的联系信息，方便他们催付部门员工继续做短信和电话方面的跟进。

因此，客单价高行业客服的主要任务，是提高咨询拍下率，而催付员工的任务，是提高拍下付款率，也就是把付款的行为"解剖"。

所以，拍下到支付转化应该是售前和催付的互相配合努力，转化率并非越高越好。

2. 投品牌词直通车和钻展的 ROI 高，是不是很合算？

惯性思维是推广行为的 ROI 越高越好。而同时大家都知道，投品牌词和店铺名的 ROI 一定会很高，因为精准。但其实这些数据高并不一定合算。

搜索品牌词的客户，往往是店铺的忠实用户，如果没有付费推广，他们中很大一部分客户，也能进入我们店铺，只是稍微麻烦点儿。所以，从这个角度来看，这部分 ROI 其实有很大的水分。

因此，大家讨论，如果做钻展店铺定向的时候，尽量排除已经购买的客户群体，这样 ROI 的水分能稍微去掉些。当然，如果你做推广的目的是为了提高品牌曝光率，反复刺激目标群体，或者你的店铺客单价高，客户转化周期长，也可以考虑自己做客户定向。

据说，在钻展里曝光三次以上的用户，其转化率大幅度提升。

3. 付费推广是不是 ROI 越高越好？

如果付费的 ROI 高于自己的毛利率，换句话说，也就是你做付费赚钱了，这时候要做的并不是"开心地数钱"，而是应该想办法做到"不赚钱"。

这句话听起来挺别扭，其实核心思路是这样的，你靠付费赚钱总归是小钱，经营的一部分是为了利润，还有更大的一部分，应该是为了梦想。而付费推广的主要目的，是撬动更多的搜索流量，然后带动店铺滚雪球般发展，提升店铺层级。

所以，当付费赚钱了，就应该考虑加大投放量，获取更多的流量来产出更多的订单。

曾经，我们自己测试，把在某个计划里 ROI 不错的宝贝，再建立一个计划重复推广，能在保证 ROI 的情况下获取更多的成交。

问题

问题：直通车是不是 ROI 越高越好？我们做直通车的最终目的是什么？

答案：

_____

笔记

_____

淘宝运营技巧 1：主图决定搜索

经常有卖家问我这样的问题：改主图会不会被降权？应该怎么改？

我回答：不会，随便改。

卖家很困惑：但我为什么改了主图，流量销量马上大幅度降低？

我回答：问题不是你改主图这个动作被降权了，而是可能你觉得新主图更好看，但是好看不一定代表有更高的点击率。

可能很多卖家提起淘宝搜索优化，就会下意识地把它等同于标题关键词优化。其实，我觉得，标题优化对于搜索流量的影响，最多占 30%。不然你看，同一个类目的那么多宝贝，标题的相似度非常高，基本是大同小异，为什么每个宝贝的搜索流量会差那么多？

对搜索流量影响最大的是主图。换句话说，**标题和转化意味着搜索的潜力和未来，而点击率则决定了搜索流量的现状。**

不信？给一张图片体会一下。

状态	创意	创意尺寸	投放设备	展现量	点击量	点击率	花费	点击转化率	投入产出比	总成交笔数
推广中	懒人手机支架蓝电视电影通用 板床头夹子神器 14.50元	800x800	计算机&移动	53,989	2,745	5.12%	¥2,115.69	13.55%	1.95	372
推广中	懒人手机支架蓝电视电影通用 板床头夹子神器 14.50元	800x800	计算机&移动	126,975	2,677	2.11%	¥1,971.26	13.78%	1.80	369
推广中	懒人手机支架 蓝电视支架撑子 通用床头夹子 14.50元	800x800	计算机&移动	9,636	443	4.60%	¥288.53	12.64%	2.07	56
推广中	懒人手机支架蓝电视电影通用 板床头夹子神器 14.50元	800x800	计算机&移动	127	0	0%	¥0.00	-	-	-
	(合计)			190,307	5,865	3.08%	¥4,375.48	13.59%	1.89	797

同样的关键词，同样的产品，第二张图是第一张图展现量的两倍还多，

但是最后获取的点击量差不多，销量也差不多。由此我们确认，排名高只意味着展现量大，并不代表排名高就一定比排名低的流量多。

换个角度来思考，假设两个宝贝，用了不同的主图，那用第一个主图的宝贝，在排名靠后的位置（展现量只有一半）获取了比爆款宝贝更多的流量、更多的销量。或者说，如果一个宝贝用了第一张主图，就会比用第二张主图在排名不变的情况下，多一倍的流量。

也许你没想到，也没想过，你们公司的美工其实是对搜索流量影响最大的岗位。那作为一个美工，怎么才能做出高点击率的主图呢？

一、策划

提起主图，可能不少卖家会从美观、配色角度入手，从视觉的基本常识来思考。可我觉得，**主图最应该思考的是基于搜索用户的策划**。就好像富豪相亲，你给他找了很多美丽、端庄、有素养的才女，可人家的需求只是胸大腰细，你找的再漂亮也没用。那么问题来了，我们怎样才能洞察"富豪"的需求呢？

这就要用到随后给出的**"单品优化表格"**。行业词里大家对于美女的普遍定义是：学历高、身材好、美貌，而引流词和成交词是某类人对于美女的具体定义，就可能定位在胸大、腰细。

举例来说，某个卖自热米饭的卖家，他在做自己爆款分析的时候，发现绝大多数的成交词都是"宫保鸡丁 自热米饭"，然而他的产品主图却是青椒牛柳，这时候就很可能需要重新策划测试新主图了。

我们经常看到，很多产品的成交词、引流词和主图的卖点莫名的一致。当面膜的主图卖点是美白，那"美白面膜"相关词的点击率和成交量一定不会差。换句话说，引流词和成交词才是"富豪"的真实需求，主图最重要的不是看大众爱好，而是基于真实需求的策划，投其所好。

还有一点，在策划主图时要注意，主图的效果并不是点开详情页来看，而是放在手淘搜索列表里看。而且要注意，**消费者在搜索的时候最想看到的是产品的款式、功能是否是自己想要的，所以全面展示产品特点一定是做主图策划的核心点。**

二、测图

曾经很多次，我们满心欢喜地策划了新的主图，换到直通车里测试，最后反而没有之前的主图点击率高。我们要知道，正常主图的点击率都在 1% 左右，也就意味着如果新主图点击率只要低 0.2%，你就降低 20% 的流量，如果你的爆款流量每天 5000UV（Unique Visitor 缩写，指通过互联网访问、浏览该网页的自然人），你每天就要降低 1000UV。更不要说，很多人改的新主图可能并不止点击率降低 0.2%，你看前面给出的图片里加了卖点的主图点击率反而只有白底图片的一半。

目前最常用的主图测试方法大概就是直通车了，测试的时候要注意几个情况：一是要保证点击量，避免小概率事情，比如你问 10 个人肯定不如问 100 个人的结果准确，测图的参考不是测多久，而是多少人参与；二是测图的时候直通车流量分配可以考虑轮播，而非优选，这样更加客观。

三、反馈

曾经我们卖一款鼠标垫，有个图片在直通车里表现很好，点击率很高，但只要放在主图里搜索，点击率就上不去。后来，我发现这个图片在直通车的数据好是因为直通车有个词流量很高，即"可爱 鼠标垫"，而这个点击率高的图就是可爱款的，放到主图里表现不好的原因是因为标题里没有"可爱"。

　　也就是说，受到关键词不同的影响，直通车里点击率好的图片放到搜索里并不一定好。所以，我们要有搜索反馈这个环节。更换了主图之后，我们要监控点击率的变化，但是目前最大的问题是官方数据里没有移动端展现量，也没有无线点击率的数据。所以，我们获取的反馈数据要有两个：**达到一定点击量的 PC 端点击率和搜索流量整体的变化**，如下图所示。

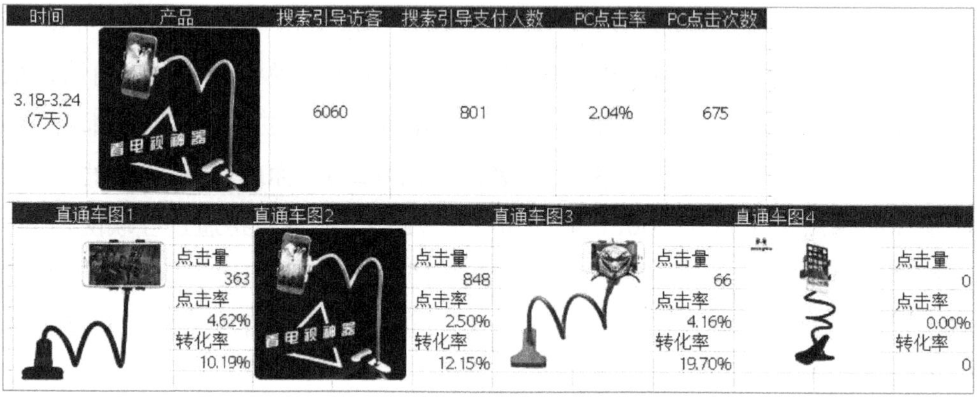

四、存档

　　主图点击率的优化过程，一方面是为了提高搜索流量，另一方面是为了美工的升级：从理论知识导向变成用户需求导向，从主观思想导向变成数据导向。

　　这些成长体现在长期的 AB 图测试：从主观角度设计一张新主图 B，接受消费者数据的检测，然后有了数据反过来思考，为什么用户会觉得 A 图片好，最后用得到的知识纠正自己错误的惯性思维。

　　但是有个问题，如果点击率测试只依赖于直通车会有很大的局限性，所以我们需要美工把热销产品的所有历史主图进行收集。同一个产品我们可能用过 10 张主图，那么在达到 300 点击量的结果下它们的平均点击率和转化率数据怎样，要看那些点击率高于平均数据的主图的共性是什么。

指环支架	9.20-26 (7天)	23号 没数据			直通车图1	9.27-10.1 (5天)	10.2/3号 没数据		直通车图2	9.27-10.1 (5天)	10.2/3号 没数据
	展现量	45102				展现量	25588			展现量	44949
	PC 点击率	2.16%				点击率	0.88%			点击率	1.34%
	转化率	5.94%				产出比	2.57			产出比	2.84%
鼠标垫	9.20-26 (7天)	23号 没数据				9.27-10.1 (5天)	10.2/3号 没数据			9.27-10.1 (5天)	10.2/3号 没数据
	展现量	66631				展现量	81036			展现量	4364
	PC 点击率	1.63%				点击率	2.83%			点击率	1.97%
	转化率	5.14%				产出比	1.37			产出比	2
懒人支架	9.20-26 (7天)	23号 没数据				9.27-10.1 (5天)	10.2/3号 没数据			9.27-10.1 (5天)	10.2/3号 没数据
	展现量	14640				展现量	1937			展现量	5313
	PC 点击率	1.56%				点击率	3.31%			点击率	0.75%
	转化率	11.17%				产出比	1.2			产出比	3.46
内胆包	8.28-9.26 (30天)	23号 没数据				9.27-10.1 (5天)	10.2/3号 没数据			9.27-10.1 (5天)	10.2/3号 没数据
	展现量	75452				展现量	11594			展现量	805
	PC 点击率	3.72%				点击率	4.54%			点击率	6.34%
	转化率	4.21%				产出比	2.37			产出比	2.74

通过对这个档案库的长期整理，你就可以得出一些结论：

（1）到底主图只展示一个产品，还是放多个颜色好？

（2）T恤的主图模特到底是露头，还是截掉？

（3）鞋子的主图放一只，还是两只？

（4）卖点放哪一个会更好？或者不放？

（5）不同模特对于点击率影响多大？外模会更好吗？

……

其实，在打造爆款的过程中，如果产品问题不大，决定性因素就是一张主图。当你有 100 曝光量的时候，点击率影响或许只有 1 个销量，这时候很容易解决。而随着销量增加，曝光量呈几何级数增加的时候，点击率的变化影响的可能就是 100 个销量。所以，在爆款的成长期与其去想着刷 5 个或 10 个销量，不如去思考通过上面的方法提高 1% 的点击率，这才是产品未来走向的决定性因素。

或许，很多人看到这里失望了，因为本篇并未告诉你什么样的主图才是好主图。但是，却有一小部分人可能看到了全部的答案。

问题

问题 1：有了测图的思路之后，必须提醒大家一点，这个事情可能不是老板去做，如果是你的同事去做这个，那怎么考核他？

答案：

_____

问题 2：怎么让数据去帮助你公司的美工成长？

答案：

_____

问题 3：怎么用这种思路，测出哪个模特更适合我们的品牌？

答案：

_____

笔记

_____

淘宝运营技巧 2：单品运营表格

如果说现在单纯的运营有什么技巧，那只有两个字：细节。勤能补拙，把握好每一个能获取流量和赢得成交的可能，来降低公司的付费投入。

今天，我们用自己公司的一张单品运营表格（见下表）来和大家一起探讨一下，如何深度做单品的标题优化。大家如果有兴趣，可以找自己的一款产品跟着步骤做。

单品优化表格						
行业词根	优质词	成交词	对手词	直通车词	标题拆词	调整建议
手机	手机夹子	手机	手机	手机	手机	1.创意金属无用
支架	看电影神器	支架	支架	支架	支架	2.看片，通用款，宿舍可加
懒人	看片神器	懒人	懒人	懒人	懒人	3.苹果，小米选加
床头	夹手机的架子	床头	床头	床头	床头	
通用	宿舍神器手机支架	通用	通用	通用	通用	
（手机）夹	华为手机支架	（手机）夹			（手机）夹	
看片						
神器		神器			神器	
电视		电视			电视	
托盘						
苹果						
小米						
夹子					夹子	
电影		电影			电影	
创意					创意	
支撑		支撑			支撑	
（通用）款						
		宿舍		宿舍		
		华为		iPhone6		
				放手机		

表格解读 1：行业词根

为什么要看行业词？

行业词是客观存在的全部消费者的搜索行为反馈。但是大家注意，在行业词里最重要的不是搜索数据和成交数据，而是词和产品本身的贴切度，还有，不要看这个词在第几页，而要看搜索热度是多少。有的热门类目，第三页词的搜索量比某些类目的第一搜索词数据还大，市场和需求都要考虑。

由于淘宝搜索的升级，现在搜索对于文本相关性的识别，更多的不再依赖于关键词的写法，而是通过"消费者行为投票"，所以，目前标题的写法对于排名无影响，写标题只需关注词根就好，因为我们找到行业热搜词，只需拆词根去重复处理。

注：（1）消费者行为投票，简单地说，就是客户搜索关键词的时候，更多的点击落在哪个宝贝上，并且有正常的停留时间（防止图片噱头作弊）。这时候搜索就会认为这个宝贝才是消费者投票认为更满足搜索词的商品。这个算法，可以很好地识别韩版、美式、商务等虚拟词。

（2）行业热搜词，把生意参谋里市场行情下面的行业热词榜，调节到你要优化的产品的子类目，然后看 7 天的平均数据。

在拆词的时候，一般会遇到以下几个常见问题。

（1）和产品不相关的词不拆，有别人品牌词的不拆，重复出现的词根不写。

（2）手机架和手机支架，从搜索解决看淘宝搜索识别情况，多数不用重复。

（3）错别字同样，搜索一下看结果是否有纠错，无纠错要添加，有纠错可忽略。

表格解读 2：成交词

为什么看成交词？

（1）成交词有累积权重，改标题尽量不动成交词。

（2）行业词只代表潜在市场规模，对你不一定有用，而成交词是综合了市场和竞争的结果（见下图）。

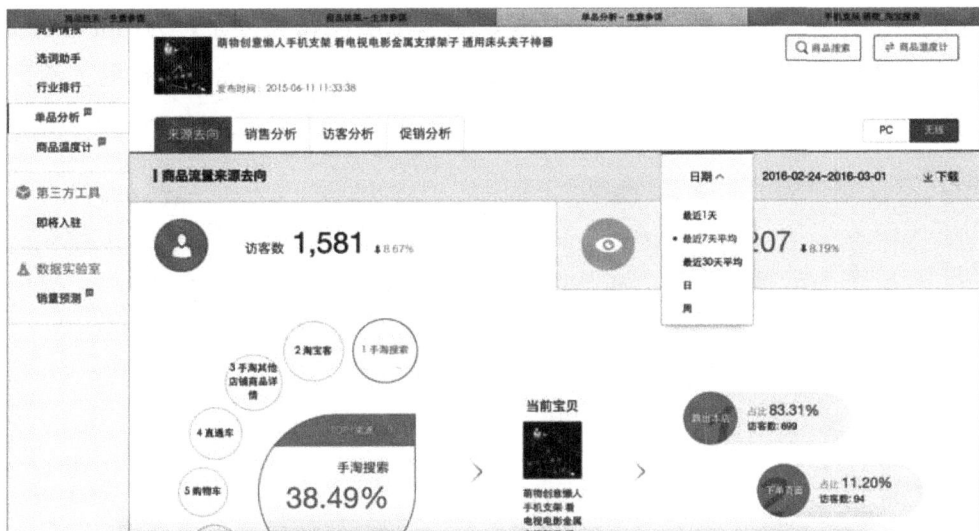

成交词数据，是在经营分析里，找到自己要优化的单品，点单品分析，建议以无线为主（见下图）。

关键词	搜索排名	曝光量	点击量	点击率	浏览量	访客数	人均浏览量	跳出率	支付买家数	支付件数	支付金额	支付转化率
手机支架	.	.	.	.	100	90	1.11	84.27%	8	8	69.4	8.89%
懒人手机支架	.	.	.	.	74	60	1.23	85%	12	13	103.4	20%
手机支架床头	.	.	.	.	38	35	1.09	71.43%	3	4	39.2	8.56%
看电视手机支架	.	.	.	.	45	33	1.36	63.64%	3	5	43	9.09%
懒人支架	.	.	.	.	35	29	1.21	66.67%	0	0	0	0%

这个数据目前有很大的问题，只有一天的数据，中小卖家每天的成交基数少，一天的数据不具备参考意义，建议每天收集成交词来培养自己对客户的感觉。

这里面的数据分 PC 端和无线端，建议以无线端为主。关键词里分一部分在淘宝搜索，另一部分在天猫搜索，默认按照浏览量排序。为防止遗漏，写完后按照支付买家数看一下有没有搜索频率不多，但是成交不错的关键词（见下图）。

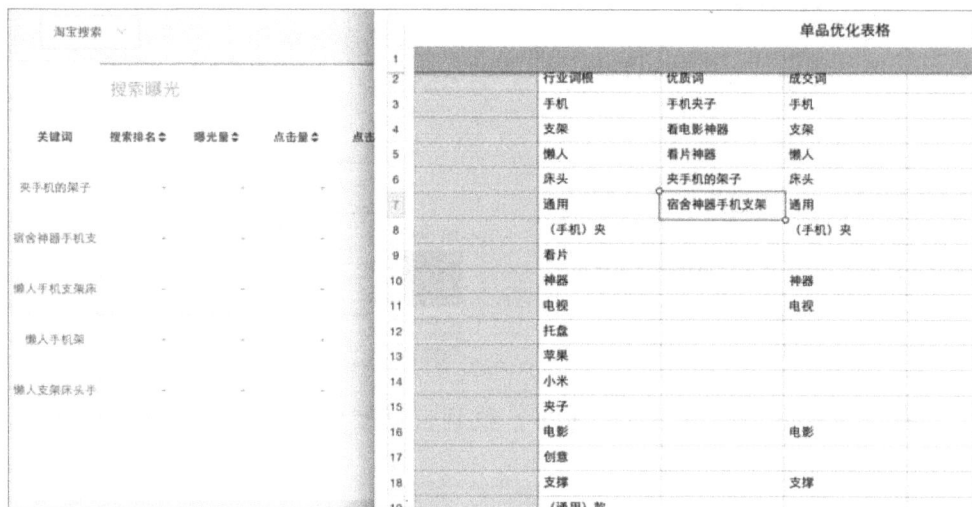

成交词也拆成词根对应着写，如果出现行业词根里没出现的，写在下面，并且放入优质词里。注意，直通车成交词也会统计在生意参谋里（见下图）。

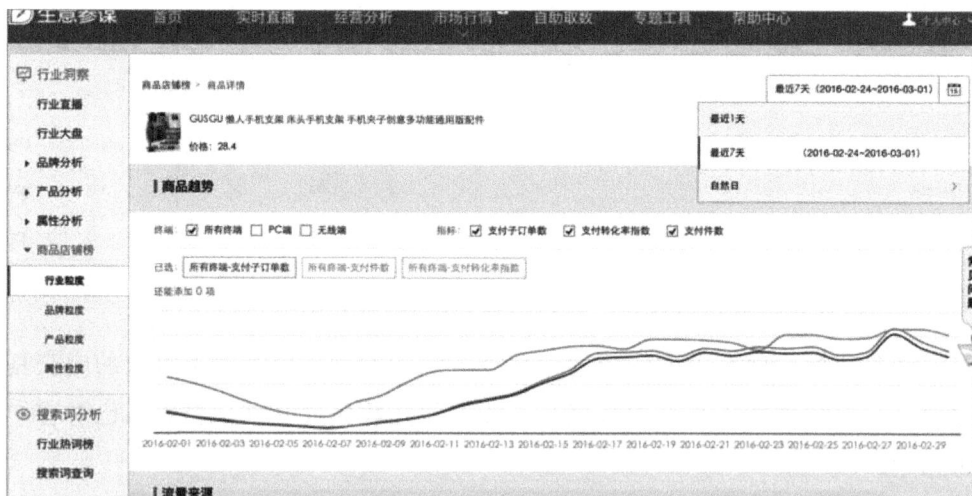

表格解读 3：对手词

为什么要看对手词？

（1）同产品对手的成交词，可以用来分析竞争量。

（2）找出对手标题中的有效成交词，如果行业数据里没有的，放到直通车进行测试。

在生意参谋的市场行情里，左边有个商品店铺榜，单击行业粒度，会给你展示上一天或者过去 7 天平均销售最好的单品。单击后面的查看详情，就可以看到对手产品的流量结构和引流成交关键词（见下图）。

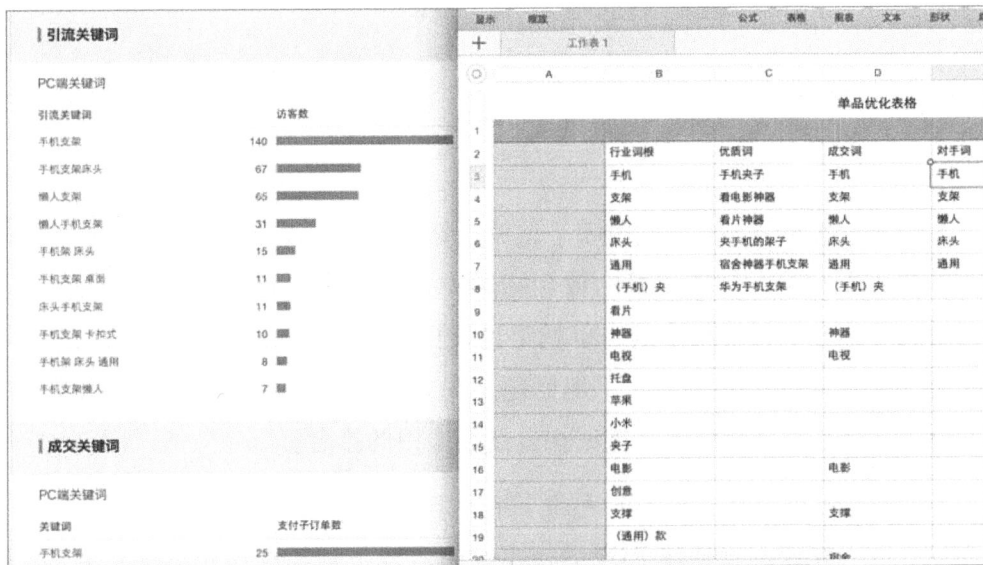

对比引流词看成交词，如果流量大，没有成交词说明这个词不精准，可以不要；如果标题里有的关键词没有出现在成交词里，我们也尽量避免用这个词。

为了避免小概率事件，对手词尽量看 3 个宝贝以上。

表格解读 4：直通车词

写标题为什么要看直通车词？

（1）直通车和搜索，从客户行为角度来讲，原理是一致的。

（2）直通车是标题的无限延展，可以给出标题选词建议（见下图）。

行业词根	优质词	成交词	对手词	直通车词
手机	手机夹子	手机	手机	手机
支架	看电影神器	支架	支架	支架
懒人	看片神器	懒人	懒人	懒人
床头	夹手机的架子	床头	床头	床头
通用	宿舍神器手机支架	通用	通用	通用
（手机）夹	华为手机支架		（手机）夹	
看片				
神器		神器		
电视		电视		
托盘				
苹果				
小米				
夹子				
电影		电影		
创意				
支撑		支撑		
（通用）款				

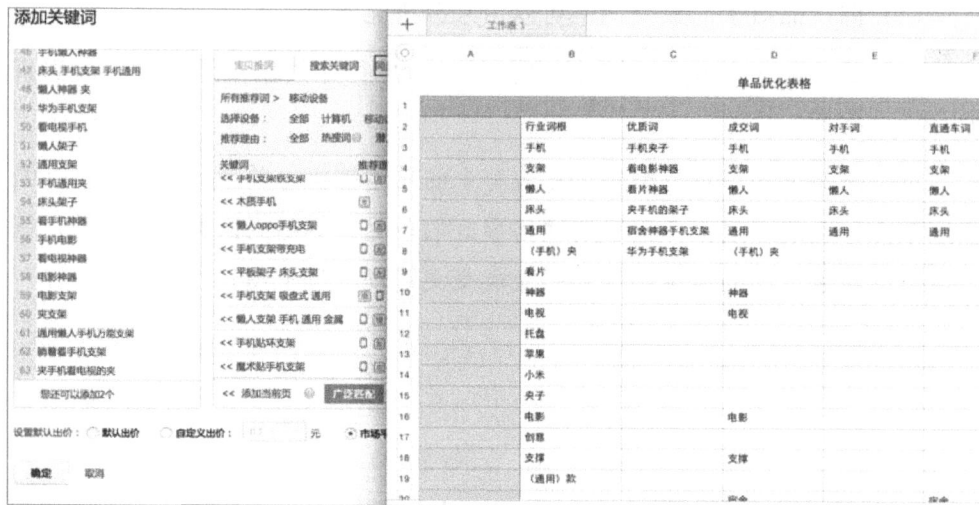

如果遇到两个词，不确定哪个该放到标题里，可以放到直通车先测试展现量和成交数据，把数据好的放到标题中。而且，直通车的质量得分和标题的成交得分是相辅相成的，也就是说，把直通车表现好的词放到标题里，有助于提升质量得分和 ROI；把标题表现好的成交词放入直通车里，直通车的成交反过来会帮助提高该词在自然搜索中的排名。

可能很多公司都有单独的直通车手，但是，我觉得直通车和标题优化应该是一个人完成。直通车 ROI 的提高，更多地依赖精准和长尾词，直通车比别的岗位更需要你频繁地去看行业词的变化。注意，我们在整理行业词的时候，同时还整理了优质词，这部分词是我们在行业里发现的很精准、搜索量相对大的词，用于添加直通车。

现在来看整张表格。我觉得，每一个表格不是做出来看看的，而是必须能告诉你接下来要去做什么的，要指导运营，否则做出来的表格都是浪费时间。通过这张表格，我们清楚地看到：

（1）金属这个词，在我们标题中出现，但是消费者搜索大数据里没有，而且直通车和对手数据都没有，所以，可以考虑去掉（标题里有，但是成交词里没有的要么是卖点词，要么可以删掉）。

（2）在我们的成交词里，看电视、看电影成交数据不错，而看片这个词是新词，搜索量比看电视还大，词意类似，所以可以考虑加上。同时，直通车也把相关词添加（见下表）。

	行业词根	优质词	成交词	对手词	直通车词	标题拆词	调整建议
	手机	手机夹子	手机	手机	手机	手机	1.创意金属无用
	支架	看电影神器	支架	支架	支架	支架	2.看片，通用款，宿舍可加
	懒人	看片神器	懒人	懒人	懒人	懒人	3.苹果，小米选加
	床头	夹手机的架子	床头	床头	床头	床头	
	通用	宿舍神器手机支架	通用	通用	通用	通用	
	（手机）夹	华为手机支架	（手机）夹			（手机）夹	
	看片						
	神器		神器			神器	
	电视		电视			电视	
	托盘						
	苹果						
	小米						
	夹子					夹子	
	电影		电影			电影	
	创意					创意	
	支撑		支撑			支撑	
	（通用）款						
			宿舍		宿舍		
			华为		iPhone6		
					放手机		

接下来我们调整标题。

原标题：

萌物创意懒人手机支架　看电视电影金属支撑架子　通用床头夹子神器

新标题：

萌物 宿舍看片电视电影支撑架子神器　通用款床头懒人手机夹子支架

然后看 PC 端搜索结果，如下图所示。

改完标题之后，我们要持续观察 7 天，去看这个产品经过调整之后搜索流量的变化，主要观察点有以下三个：

（1）搜索量是否增加。判断标题里的新词是否能带来更多展现。

（2）点击率是否提高。判断是否新词变得更加精准（主图没改，点击率变化大多因为词的精准度）。

（3）转化率变化，同上。如果搜索流量变小，但是因为精准，成交变多了，可以继续保持新标题。

最后，我要说一个可能让大家绝望的消息，虽然标题的优化很重要，但是在整个商品搜索优化里可能只起到 30% 的作用，因为你很难写出一个数据很好、竞争很少的标题。所以我们看到，绝大多数爆款的标题非常雷同，只是关键词的位置不同。

那搜索优化里，最重要的到底是什么？ 我们下次再说另外一个表格。

问题

问题：按照流程做出自己的"单品运营表格"。

答案：

___

笔记

___

新品从上架到快速月销破千

　　我前不久讲过一次 1 小时的线上课，之后偶然发现有个不知名的学员很认真地做了笔记，虽然有些小观点有出入，但是整体的思路和逻辑性整理得很不错，这里原封不动地推荐给大家。

再谈搜索规则

做淘宝，搜索规则是一个绕不过去的坎儿，你可以不精通它，但是至少要了解它。在淘宝庞大的搜索系统中，能影响搜索权重的维度一共有 1000 多项，我们是不可能把其中的关系研究透彻的，除非你是淘宝搜索系统的负责人，但是能多掌握一点儿，就能有多一点儿的优势。

0 和 1

在影响搜索的 1000 多个维度中，大部分维度对于搜索权重的影响方式是 0 和 1 的形式，就是要么有影响，要么没有影响，比如 DSR（动态评分）、动销率等。

很多人觉得 DSR 应该是分数越高，搜索权重就越大，其实并不是。DSR 确实对搜索权重有影响，并且影响还不小，但是它对搜索权重的影响方式是 0 和 1 的形式。

也就是说，在淘宝的搜索引擎中，对于每个类目的 DSR 分数都有一个标准，比如平均分为 4.5 分，如果你的店铺 DSR 平均分小于 4.5 分，那么你的搜索权重会被扣除一个巨大的分值。而如果你的 DSR 平均分是大于等于 4.5 分，那么你的搜索权重分值就会保持不变。

所以，DSR 平均 4.49 分和平均 1 分的店铺对搜索权重的影响是一样的，而 DSR 平均 4.50 分和平均 4.99 分的店铺,对于搜索权重的影响也是一样的。

动销率同样是这样的，淘宝搜索引擎中，对于每个类目的动销率也有一个标准值，比如 50%，如果动销率高于等于 50%，那么搜索权重没有影响，如果动销率低于 50%，那么就会减少大量的搜索权重。

销量贡献值

为什么今年老客户回购能增加很大的搜索权重？为什么两个宝贝销量

差不多，但是搜索权重却差很多？为什么 2016 年 4 月之后刷单基本变得没有效果了？

因为淘宝现在引入了一个新的，并且是对权重影响最大的因素——销量贡献值。

销量贡献值并不是简单地计算销量，它的算法其实非常复杂，不同等级的客户，不同浏览方式产生购买行为的客户，不同搜索路径进店的客户购买同一件产品，都会产生不同的销量贡献值。

举个例子：

有 A、B 两个客户，他们的年龄、性别、淘宝等级、好评率等都一模一样。

A 客户想买一副墨镜，搜索了"墨镜"这个关键词，一眼就看中了你的主图，点击进入店铺，发现墨镜确实不错，也就没有去别家看了，直接下单购买。那么这个销量，可能产生了 1 的销量贡献值。

而 B 客户同样想买一副墨镜，同样搜索了"墨镜"这个关键词，但是 B 客户买东西喜欢多比比，所以他在搜索中反复挑选对比，进入了多家店铺，最后选择在你家购买了一副墨镜。那么这个销量，可能产生了 1.5 的销量贡献值。

为什么两个标签完全相同的客户，在同一家店购买了同样的产品，却会产生不一样的销量贡献值呢？

因为他们的购物行为不同，淘宝觉得 B 客户这样经过反复对比后再进行购买的行为，更能说明他购买的这款宝贝是优质的，是高价值的宝贝，而 A 的购买行为就没有这么大的说服力了，所以给 B 更高的销量贡献值。

淘宝想通过这个销量贡献值系统，让更符合买家需求、更优质的宝贝，更加容易地出现在买家搜索的结果中。

同样，根据淘宝的这个系统，大家觉得一个老客户和一个新客户，在同一家店里购买了同样的产品，谁产生的销量贡献值高呢？

毫无疑问，肯定是老客户！因为老客户在购买过的店铺中进行回购，说明了这个老客户对于店铺产品的充分认可，说明了店铺的产品、服务、售后都是可靠的。而一个新客户在店铺中进行购买，只能说明你的价格和图片能够对新客户产生吸引力，其他地方都有待考验。

所以，在新规则下，老客户回购产生的一个销量，往往能比得上 3 个新客户的销量。

同理，等级越高的买家在产生购买的时候也会产生更高的销量贡献值，这个就很好理解了，99 级的大号说话，肯定是比 1 级的小号声音大，全世界都是这样的。

7 天销量增速

这个其实就是 7 天螺旋的另外一个说法。看到这里，肯定很多读者纳闷了，不是说 7 天螺旋已经没用了吗？很多人也试过了，确实是没用了，都没用的东西，还讲什么？

负责地说，7 天销量增速到目前为止都是一直有用的，没用的只是刷单，你通过刷单来形成的 7 天销量螺旋在现在是一点用都没有了，但是如果是通过正常订单产生的 7 天销量螺旋，仍然是冲击首页非常有效的手段。

在淘宝看来，一款产品如果在上架后，短期内有一个持续增长的销量，那么肯定说明这个宝贝是一款优质的、受欢迎的宝贝，或者是一款应季的、在目前这个时间段需求量大的产品。淘宝就会给予这个宝贝更多的曝光机会。

比如在夏秋之交，正是衣服换季的时候，如果按销量来排序，排在前面的肯定是已经累计销售了一个夏天的夏装；而如果按照增速来排序，那么排在前面的一定是应季的秋装，而大家想要购买的也是秋装。

所以，淘宝的搜索系统肯定需要采集短期销量增速的数据，因为这个是硬性需求，而只要有这个需求，7天销量增速这个维度的搜索权重就一定不会太低。

并且新品上架，初始销量很低，只需要持续产生少量的订单，就能让一款产品保持高速的增长。所以7天销量增速对于新品来说，是非常有帮助的，而对爆款来说，则会是比较大的打击，这也符合了淘宝目前想要去爆款化的方向。

搜索转化率

销量贡献值是对搜索影响最大的因素，而搜索转化率则是影响搜索权重的第二大因素。

这里讲的搜索转化率数据可以在江湖策里查看。一般我们说转化率，其实说的是全店转化率，这和搜索转化率是不同的。在正常情况下，即使全店转化率比较低，但是搜索转化率比较高，那么还是会获得不错的搜索权重的。

所以对于小卖家来说，要想尽一切办法来提高自己的搜索转化率。比如在买家进行议价的时候让步，因为现在大卖家一般都不接受议价，这对于小卖家来说其实是个优势，不少买家买东西就是很享受砍价后买到便宜东西的感觉。

蝴蝶效应

在一个类目中你的宝贝能排到什么位置，基本就是由这个宝贝的数据决定的，而一个类目中的大部分宝贝，其实都是围绕一个平均值上下波动。

这时候，你可能只需要比其他买家多成交一笔，超过了这个平均值，那么你的这款宝贝可能就会从绝大部分宝贝中脱颖而出，开始螺旋上升。

同样举个例子：

有两个商品 A 和 B，它们完全一样，但是 A 的销量是 10，B 的销量是 3。如果现在假设有 100 个买家需要购买这类产品，并且他们只有 A 和 B 这两个选择，那么，这 100 个买家会平均地分布到 A、B 这两个商品中吗？

答案是否定的，100 个买家中的 90% 以上会选择购买 A 产品，而随着购买 A 产品的人越来越多，后续的买家选择购买 A 产品的可能性也会越来越高。

所以，如果你能够在一堆销量少并且销量比较接近的产品中多出哪怕几个的销量，就有可能让产品后续产生井喷式的增长。

新品销量破千要做什么

上面的理论大家一定要认真看，理论是实操的基础，没有一个模板是适合所有类目的，每一种实操方法大家都要知道为什么要这么做，从而能根据自身的情况进行针对性的优化。

理清店铺情况，扫除明显问题

很多卖家都想寻求一种一劳永逸的方法，能让自己的宝贝马上就卖得动，卖得多，这肯定是不现实的。

在使用一些运营手法和实操技巧之前，你需要先梳理一下自己店铺的情况。因为所有老师所讲的方法，都是基于这个店铺目前是处于一个健康正常的状态作为基础条件的。如果你的店铺现在存在着各种各样的问题，那么再好的方法对你来说也没用。

这里说的基础指的是店铺装修、详情页主图质量、客服应答速度、发货速度、售后处理能力、店铺动销率等这些你可以通过日常的工作进行优化和处理的环节，不要求做得多好，起码要有行业平均水平。

上文中说过，淘宝中有 1000 多个评判搜索权重的维度，有很大一部分是 0 和 1 的评判模式，做好基础的工作，起码会让你在搜索权重的竞争中能和大部分的对手处于一个起跑线上，而不是别人开着法拉利，你骑着自行车。

新品上架，7 天增量

在你的店铺基础运营达到行业平均水平时，你可以开始尝试用一些运营手段来提升店铺销量了。而对于刚上架的新品来说，天生就具有更大的增长潜力，所以高频率地上新，然后利用新品高权重的特性来进行运营，对于中小卖家来说是非常不错的一个出路。

新品上架的 3 ~ 5 天内，给予新品一定的高质量销量，并且让这些销量呈现递增的趋势，这样能让新品拥有很高的搜索权重。如果运营手法合理，产品质量 OK，有不小的概率能在 7 天内冲入搜索的首页。

每个产品上新后需要做的销量不用太多，在上新后的 3 ~ 5 天内，能有二三十个销量就可以了，如果是客单价高的商品，需要的销量更少。记住，只需要在上新后的前 5 天内做销量，7 天之后让这个产品自然生长就 OK 了。

新品上架的扶持期是 28 天，成长周期是很短的。如果我们能在 5 ~ 8 天内把产品推上首页，那么产品就会获得一个非常好的成长周期，如果能够成长起来，后续的增长会非常可观。

利用这样的方法，确实比较容易就能让新品拥有不错的搜索权重，但是并不是每个上了首页的宝贝都会成为爆款，有些宝贝在获得优秀的搜索权重后，自然就会引爆自身的销量，这说明宝贝本身是优秀的，是受到买家欢迎的，是具有爆款潜质的。

这样的宝贝，我们就可以跟进进行后续的运营了。该开车的开车，该优化主图的优化主图，店内的流量和资源也可以往这款宝贝倾斜，为宝贝提供更多的资源，使它成为我们的主推款式。

而另外一些宝贝，虽然在初期获取销量后也上了首页，但是之后的销量就变得不温不火，再也无法保持增速，那么这样的宝贝就是不具有爆款价值的宝贝，我们让它自然生长就可以了，不需要投入后续的资源。

其实，这样的操作，我们不仅仅是做宝贝的推广，更多的是做一个宝贝的选款，利用市场来进行自然选择，优胜劣汰，摒除自身主观的选款局限。

这个方法所利用的理论就是上文所提到的 7 天销量增速，而这个方法的使用关键就是能获取高质量的销量，这里的高质量销量指的肯定不是刷单，如果你用刷单来进行操作，绝对会自取灭亡。

那么如何获得高质量的销量呢？关键就是利用老客户！

钻石般老客户

老客户在现在的淘宝规则下，是钻石般珍贵的资源，一个老客户订单对于搜索权重的价值会几倍于新客户订单。所以，经营好老客户资源，能让你的淘宝店开得风生水起。

新品上架后获取高质量销量的秘诀就是利用老客户，要让你的老客户来帮你获取初期的那几十个销量。

如果是客单价较低的商品，可以用全额返现的方式送给老客户。给老客户一个带品牌的精准搜索关键词，让老客户通过搜索产生购买，之后再通过微信或者第三方支付宝返现的方式，把钱全额返现给老客户。

如果是客单价高的商品，那么可以采用高折扣，或者拍 A 发 B 的方式让老客户来进行购买，只要能提供比较高的利益点，相信是能够行得通的。

对于大多数人来说，碰到这样免费送东西的好事，都是会比较积极地响应的。而只要有一定数量的老客户参与进来，新品宝贝初期的销量就不是问题了。

看到这里有人会问了，这样新品宝贝的数据不会异常吗？太高的转化率和点击率会被淘宝判断为刷单吗？

其实并不会，淘宝判断刷单最核心的因素就是账号，如果你的账号没有问题，即使交易过程中数据有一些异常，也不会被轻易判断为作弊，但是如果账号是异常账号，那么交易过程中的审查就会非常严格。

所以建议大家不要让朋友购买，尽量让老客户购买，因为朋友的账号很可能用过同一个 Wi-Fi，在同一部手机登录过，这样就容易被判断为异常交易。

而老客户的账号不存在任何的问题，所以你不需要担心任何的数据异常，不需要控制任何行为，一定不会被判断为作弊。

在我的店铺中，某款宝贝曾经有过 120% 的转化率，就是一共只有 10 个客户看过，但是却有 12 个客户购买，因为另外两个客户是通过关联页购买的，甚至没有进入过这款宝贝页面就成交了。即使是这样异常的数据，因为购买的人都是老客户，店铺也没有被判断为作弊。

所以大家让老客户做销量的时候，完全不用担心任何的数据异常，放心大胆地让老客户购买就是了。

微信，维系老客户的法宝

老客户非常重要，那么我们要怎么留存和维系老客户呢？这里我们就要学习伟大的微商了，利用微信来牢牢拴住卖家和买家的关系。

因为一些历史遗留问题，阿里和腾讯有些过节儿，所以我们和客户联系一般都是使用旺旺。在这里提醒大家一定要注意这个问题。

那么如果不通过旺旺，我们能通过什么方式来让老客户加我们的微信呢？推荐给大家一个好方法，那就是二维码贴纸。

在我们发出的每一个快递上，贴上有着私人微信的二维码贴纸，并且在上面写着"加店主微信，定期免费送产品"，让买家来主动加你的微信。即使这样的转化率不高，只要持之以恒，也能积累到不少的老客户。

　　注意，一定要让买家加你的私人微信，不要用公众号。现在公众号的效果不太好，很多买家都不会去看的，而私人微信可以把信息发到朋友圈，有更好的曝光量。

　　在管理微信时，一定要把自己当成一个活生生的人来运营，积极地同客户互动和点赞。只要点赞几次，客户自然就对你有了印象，印象有了，客户就会把你当成朋友，让客户帮忙时就容易了。

　　微信只是用来维系客户，一定不要在微信中直接成交，而是要引导客户去淘宝成交，这样才能让这单交易的成果最大化，能为你的搜索带来权重。

　　淘宝店运营微信相比微商更具有优势，微商直接在朋友圈中卖东西，他们很难获取新客户来源，只能不停地压榨现有客户；而淘宝卖家可以在淘宝中获取新客户，在微信中把客户的价值最大化，两者互补，形成销售优势，是一种非常好的模式。

　　所以，现在还茫然无措、不知道自己到底该干什么的中小卖家们，赶快先去把个人微信建立和经营起来，开始用微信运营自己的老客户吧。

　　对于客户来说，加了微信可以享受折扣，而对于你来说，你能多一个免费刷单的人，大家双赢！

问题

　　贾真没有问题，留个笔记给大家思考吧。

笔记

"内容营销"——从增粉到经营粉丝

记得哪个明星说过这样一句话：比我漂亮的没我聪明，比我聪明的没我漂亮。很多现在的电商企业淘品牌能够在短短几年出现并壮大，并不是因为他们多会做生意，只是比起其他会做生意的人，他们更懂互联网，是把互联网＋商业做得最好的一批人。

电商发展到现在，全民"网红"推动粉丝经济，而为了能够把粉丝"变现"，内容营销目前被推到互联网的浪尖。

我断言，就像刚开始出现互联网＋产品衍生出来的淘品牌一样，目前移动互联网出现的新机会，会推动一批新的"内容电商"出现，就像已经被资本炒得很热的"小红书"一样，这些企业可能不会是最会做商业的，也不会是最会制造内容的，而是最会结合着内容来做销售的。

在所有的企业中，占据做"内容＋商业"先机的，无疑是互联网最前沿的电商行业。

粉丝的价值来自"聚焦"

在目前的全民"网红"时代，"粉丝"不再是明星的专利，很多美女帅哥借助直播平台，都可以拥有不少的粉丝，成为"网红"。但是，这些网红面临的最大问题，就是除了直播粉丝送礼物之外，很难去"变现"盈利。

仔细想想，"网红"其实也是内容营销的一种，只不过他们吸引粉丝的"内容"是自己的脸蛋或个性。

当然并不是只要美就有用，"网红脸"美女如果身材火爆，确实很容易聚集"宅男粉"，但是如果她们想经营粉丝，后续选择在淘宝开店卖女装，其实很难变现，因为产品和粉丝人群不符，转化率极低。

大家看看那些能够"变现"很好的网红，比如张大奕、papi 酱，就会发现她们有一些共同点，比如大都是圆脸，性格大大咧咧，经常自嘲自黑，原因是这样的性格不会引起同性的"妒忌"，能获取共鸣，成为某一类群体的意见领袖，而这时候就很容易用自己的产品来实现粉丝转化。

可能很多企业已经尝试去找"网红"合作，用最新的"直播＋电商"概念来销售，但是试过会发现，如果这个网红的粉丝和你们的产品受众不是高度重合，转化会差到目瞪口呆，你不能指望所有的粉丝都是"脑残粉"，网红随便一说某个东西好，粉丝就不假思考地买、买、买。

换个说法，没有"属性"的粉丝价值并不大，高度聚焦的粉丝才有价值。能够很好地转化粉丝的网红，本身就应该是某个细分领域的意见领袖，就好像《英雄联盟》游戏主播可以在淘宝上卖游戏外设，"罗辑思维"可以上天猫卖"读书建议"等。

很多电商企业最近都在思考如何制造内容，他们认为抓热点说八卦这就是内容。我们退一万步来讲，假设你比那些专业制作内容的自媒体还厉害，并且你制作的内容有人爱看，吸引了 N 多粉丝，但是这样的粉丝因为人群不聚焦，你能卖什么给他？

所以，比起粉丝的数量，粉丝的"聚焦"更加重要。我的新浪微博和自媒体号现在发布的所有内容都围绕着电商，绝对不跑偏。

其实，在之前我尝试去抓过热点话题，确实很容易带来阅读量，增粉很快。但是后来我发现，即使当时通过某个热点成功抓来 N 多粉丝，但他如果不是与电商相关的，后期发现我发的东西他都不懂，也没兴趣看，很快就会取消关注。你以为你找到了增粉的捷径，但其实根本就是在浪费时间。

电商做内容的短、中、长期目标

互联网老生常谈的观点认为，腾讯是社交属性的，做不起来电商，而阿里是销售属性的，社交也一直做得不够好。我们自己作为淘宝卖家也有深刻的体会，如果投站外广告可能会获取很多访问用户，但是转化会比淘宝站内的广告差很多。

现在越来越多的网红、明星，都开始往淘宝靠，大概是因为他们明白了或许在其他平台上粉丝容易聚集，但是只有在淘宝上，粉丝才能更容易被"销售"变现。

已经有粉丝的"内容"，现在要思考如何分析粉丝的人群来销售适合的商品实现转化；而像我们这些目前粉丝很少的淘宝卖家，需要的是围绕着自己的品牌和产品定位来分析客户，做大部分客户共同的兴趣点内容。

电商企业自己做内容，要分两部分人群，一部分是已经产生交易的老客户，另一部分就是可能产生交易的新客户。从中期和长期目标来看，我们的内容需要为老客户服务，用内容来做会员 CRM，提升品牌或店铺的记忆度；但从短期目标来看，"内容营销"就是为了拉新粉丝和销售转化。

或许，有一部分的品牌和店铺都会有自己的客户画像、产品定位，如果我们把产品的目标客户群称为"用户池"，在之前，这些用户也是商家熟知的 CRM 老客户；而现在，我们在做内容的时候，需要重新根据成交客户的人群、生活场景等发掘出他们共同的"兴趣需求"，接下来把品牌人格化，围绕相同的兴趣点去制作内容，吸引和店铺成交客户有共同爱好的人，然后我们就能升级原来的"用户池"为更宽广的"兴趣海"。

举个例子，某个母婴的 TOP 卖家去阿里开会回来，曾经找我问怎么做内容。我帮她分析，首先你们的客户都是有小孩的家庭，他们的兴趣点一定是围绕孩子，那么我建议你的微淘号找一个儿童医生来运营，就像新浪里拥有几百万粉丝的普通医生"白衣山猫"一样，给新妈妈们提供科学的儿童常见疾病的知识。当有更多的妈妈因为科普关注你，那么她们就成为你的潜在客户，而且她们对于你的品牌的潜意识就是科学健康。

简单地说，销售做的是"需求"，而内容做的是"兴趣"，商家做好内容营销能够让电商企业从原来的发掘客户，到现在的培养用户。

电商企业制作内容的方向

在淘宝的微淘刚出来的时候，我很不看好。我觉得如果你让一个卖家自己去经营"微博"，我想不出来他除了发广告还能干什么。而如果一个平台里到处是广告，用户会喜欢看吗？

在之前的 PC 电商时代，答案是否定的，不会看；但是发展到现在的移动电商时代，答案又神奇地变成了肯定，真的很多用户就是来看广告推荐的。

移动互联网有效地利用了每个人的碎片化时间，当大家想买的东西都买过了，又无聊需要打发时间的时候，就会选择浏览手机淘宝看看有什么东西值得再买，这时候，微淘就真的被利用起来了。

更有趣的是，如果你在其他平台上发广告，用户看到会觉得很反感，就像精彩的电视剧突然被打断，插播了一条广告；但是在手机淘宝上，用户本身就抱着进来"逛街"的心态来淘宝，如果你不发和产品相关的资讯，用户反而觉得你"不务正业"。

以上观点可以用数据证明，大家去看看大部分淘宝店铺的微淘阅读量，会发现往往最高的都是上新、活动促销，而那些转载热点和娱乐消息的反而很难获取很多关注；你甚至可以去新浪微博看看那些网红的上新评论，你会发现你开始以为粉丝喜欢的是网红这个人，实际却发现他们评论的全是衣服。

所以，对于你店铺的粉丝和老客户，他们最爱看的内容，就是你每次精彩绝伦的"新品"。就好像作为一个"果粉"，每一次苹果的新产品发布会都特别关注。

因此，绝大多数电商企业做内容营销的第一步，不是遮遮掩掩地把"广告"发得不伦不类，应该学习苹果的新品发布会，思考怎么配合原来的淘宝运营节奏将"内容＋产品"更好地呈现给粉丝。

比如，上新的时候应该配合做什么样的内容，用什么内容平台呈现，用怎样的流程去做；聚划算或者其他大促前用什么内容、什么渠道去唤醒老客户；怎么用内容像"微商"一样去提高现有客户的购买频次；还比如，节假日和实时热点怎样结合自己的产品一起做软文营销等。

综上所述，电商企业做内容营销，千万不要盲目。术业有专攻，你不是也很难成为自媒体。你的价值在于没有自媒体会像你这样聚焦行业和专业，而用户喜欢看你的内容，一定是因为你的内容从帮助他购物的角度出发，能给他更好地购买建议和资讯。

所以，知己知彼，给自己一个明确的定位，我们电商企业不应该是最会制造内容的，而应该是最会结合产品去"经营内容"的。

问题

问题1：作为一个电商企业，你是在制造内容，还是在经营内容？需要怎么调整？

答案：

_____

问题2：内容营销结合移动互联网，你们公司能应用的地方在哪里？

答案：

_____

笔记

_____

女装类目如何做标题优化

我一个杭州的朋友，在淘宝上开了个小店做女装，刚起步，还不到一个钻。

有一次，我去杭州出差，她知道我擅长淘宝搜索优化，就让我帮忙给她优化一下标题。当时她卖得最好的一个宝贝，是一件白色的连衣裙，最近一个月卖出 8 件。她的标题写满了 30 个字，大致是这样：**"希腊旅游 白色女神风连衣裙 ××××××"**。

然后我就和她说，标题上的文字主要思路是思考**"别人搜什么词，是想买你这件衣服。"**你标题里写着"希腊旅游"，会有很多买衣服的搜索去希腊旅游穿什么连衣裙吗？

她回答我说："我也没想太多，这件衣服的照片是我当时在希腊旅游拍的，所以标题就这么写了。"

我说你这样不行，做淘宝要有数据思维，根据消费者的搜索词数据来写标题。然后我就帮她买了生意参谋的女装类目标准版，打开**市场行情—行业热词榜**，选择了女装的连衣裙类目下的 7 天热门搜索词给她看。

她自己慢慢地从搜索人气大的词开始看，发现在这些词里面，根本就没有"希腊""旅游"相关的关键词。等看到快结束，她豁然开朗，说她明白了：**"以后我写标题就不应该自己瞎想，我想的客户不一定会搜，只要把这些数据里客户搜索量大的和自己产品相关的词放到标题里就好。"**

或许，看到这里很多的淘宝掌柜觉得她掌握了淘宝标题优化的真谛，至少在当时，我也这么认为，但是接下来，就在我帮助她进行标题更改的时候，有个数据让我这个所谓的搜索客座专家颜面尽失。

在每一次优化有销售的宝贝之前，我都会习惯性地先去看**"引流词"**和**"成交词"**，而当我找到这个宝贝的成交词，竟然发现它几乎所有的成交都和**"希腊"**有关。注意，这个词在生意参谋的人气搜索前 500 名是没有数据的。

也就是说，如果我当时不看成交词去优化标题，肯定会把"希腊"这个词去掉，换成数据里搜索人气更大的词，比如 2016 新款等。但是如果一旦这样做了，我这个朋友这件衣服下个月很可能连 8 件都卖不掉了。为什么会这样？

首先我们说第一个问题，**女装行业搜索词数据的大量缺失**。生意参谋里能统计到的，只是细分类目搜索人气前 500 名的关键词。这或许在其他冷门类目，数据足够用了，可能关键词搜索人气到几百个之后都只有十几个搜索人气，搜索人气最大的关键词也不过 1000 个搜索人气。

但在女装类目下的连衣裙类目，如下图所示，即使是第 500 个关键词"旗袍连衣裙夏 改良"的搜索人气，也有 7400 多，比很多小类目最大的关键词搜索人气还要大，也就是说**女装的搜索数据被大量隐藏起来，更多的宝藏都在 500 词之外**，甚至很多隐藏下来的数据会远远超过很多其他大类目，所以"希腊"这种词在女装类目中就很实用。

行业热词榜 日均值				最近7天（2016-06-11~2016-06-17）	女装/女士精品>连衣裙 ∨	所有终端 ∨
491	吊带裙 中长款	7,488	20.27%	86.56%	4,825	3.11%	0.33
492	v领	7,480	23.31%	110.86%	4,194	2.57%	0.65
493	旅行	7,447	22.03%	118.02%	4,168	4.63%	0.50
494	女款连衣裙	7,443	22.09%	83.52%	5,187	1.60%	0.73
495	露腰连衣裙	7,439	22.95%	109.27%	6,138	1.68%	0.60
496	蝴蝶结连衣裙	7,426	19.27%	126.16%	5,517	1.70%	0.80
497	连衣裙女夏2016新款…	7,422	27.31%	132.06%	5,669	1.26%	0.69
498	林珊珊	7,417	0.07%	194.60%	4,690	1.17%	1.04
499	裢旧	7,412	0.17%	147.48%	4,783	1.11%	0.89
500	旗袍连衣裙夏 改良	7,404	41.36%	93.14%	5,352	1.52%	1.03

每页显示 100 ∨ 条　　　　　　　　　　　　　　　　　　　　　　‹ 1 … 3 4 **5** 下一页› 共5页

"希腊"这个词没有出现在生意参谋里，我们无法确定这个词搜索大不大，但是可以确定的是竞争一定不大，因为女装的同行在数据里看不到这个词。如果某个词，你放标题里，你对手没有放，你会从这个词的搜索里获益；但是如果你放了，你的对手也放了，这个词的意义就大大降低。

我之前也写过一篇文字《数据有毒》，诠释过这个问题：**当少数人能看到这些数据，那么准确的数据就是宝藏；但是如果所有人都能看到这些数据，即使准确也可能是剧毒，因为卖家趋同。**

所以当时我做了搜索结果测试，当我们搜索"希腊 连衣裙"，这个宝贝虽然只有 8 个销量，但因为竞争少，出现在搜索结果的第一页，而且，因为这个宝贝主图和详情的图片确实是在希腊背景下拍摄的，很容易引起用户共鸣，点击然后下单。

为了寻找 500 以外的搜索词并证实某些词是否值得用，我目前能想到的数据测试方法只有直通车。

我会要求女装店在上新产品的时候，一半标题抓住 500 个数据里能看到的核心词，比如连衣裙、女装这些无论如何都要出现的词；然后另一半的标题，让设计师去写上这个产品的面料、设计和款式特点。一旦这个商品上新后收藏加购表现很不错，我们就会迅速地把宝贝放入直通车推广，尽可能多地根据产品特点添加词，根据直通车单词展现量来找出 500 个词之外的大流量词，一旦发掘出来，就会是个蓝海。

曾经有很多的淘宝掌柜问我，改标题会不会被降权？我的答复是不会的，随便怎么改，只要不被告知换宝贝处罚都没问题。

掌柜表示不相信：为什么我根据数据优化了标题，但是流量销量降低了？

答案就在上面，很多掌柜太相信数据了，把标题优化当成了数学里的加减法，认为把搜索人气高的或者成交多的关键词放在标题里，那么自己的标题就会更好。

但是，大家要注意，所谓的搜索人气指的是单个关键词单位时间一共被搜索的人数。假设某个词有1000人搜索，其实大部分的人都会在第一页选择，越往后面页面，人数就会越少。也就是说，如果你标题里有这个词，但是排在第N页，最后获取到的搜索人数可能只有几个。

而如果你选择了像"希腊"这样的冷门词，虽然搜索人数一共就100个，但是你能排在第一页，所以可能有50个人看到你，最后带来的搜索流量和成交反而比热词更多。

所以很多刚学会标题优化的，或者刚运营的店铺反而最让人担心。他们之前的标题可能根据自己的理解去写，不会有太多像"韩版"之类的不精准词，也能偶尔触碰到客户精准需求；但是"学会"看数据之后，重新优化出来的标题马上看起来就像爆款"走丢"的孪生兄妹，千篇一律，把自己放进激烈的红海去竞争。

在女装类目，因为需求量足够大，关键词的搜索量真的不是很重要，重要的是关键词和产品的匹配度。在写女装的标题时，我也会根据搜索量先把适用的关键词做成表格参考，但是在选择用什么关键词的时候，我都会进行测试。比如如果我想知道"背带裤 学院风"这个关键词适不适合我的产品，只需要搜索这个词看结果展现的商品和我的是否类似，如果类似，这个词放到标题里表现就一定不会错**（应用的是搜索的消费者行为投票原理）**。

这也是为什么我强调，任何的运营技术都不能脱离产品存在，或许写出一个"**遵循数据**"的标题很容易，但是写出一个"**市场认可**"的女装标题，就要求你必须了解产品的面料特质、设计特点，甚至流行趋势等。

我现在做的女装C店，几乎所有热销商品的大流量关键词，都不是从生意参谋里找到的，都是基于材质和特点慢慢用引流词和直通车测试出来的，比如"铜氨丝连衣裙""BF风T恤""直筒极简连衣裙"等。

经常听到掌柜问我："现在淘宝什么行业竞争相对较小，值得去做？"其实，在我看来，最容易找到蓝海的市场并不一定是某个冷门的细分行业，也可能是像女装这种大热门行业下的小细分，因为在海量数据下隐藏着的市场远远超过其他偏僻行业，就好像大家常说的**大隐隐于市**。

思维不趋同，看数据别盲目。虽然今天我们说的是女装类目如何做标题优化，但其实适用于第 500 个词乃至 1000 个词以上搜索人气的所有行业。

问题

问题 1：怎么用标题去完成你的客户群框定？

答案：

_____

问题 2：理解全网大数据和自身小数据的区别，如何去更好地融合？

答案：

_____

笔记

_____

淘宝运营"节奏"的自我修养

假设你的店铺没有节奏，没有规律性地上新，我们思考一下，你的忠实客户在什么情况下会想到你？我想，大概只有他需要的时候，可能每月一次甚至更久，那这时候我们作为掌柜是被动的。

　　而如果我们有了固定的上新频率，比如每周二，这时候客户经过了你的几次引导，慢慢地习惯了每周二都来看看你上了什么新品，不管他需要不需要。而当他每周二都能来看看的时候，我们就可以通过"内容＋产品"来做客户的冲动性消费，掌握主动权。就好像很多女孩子喜欢逛街，逛街前并没有准备买东西，但是逛完还是买了不少。

　　可能有掌柜看到这里，心里面会嘀咕，你说的我都懂，可周期性地上新只适合服装这些产品，如果我做数码产品怎么周期性地上新？

　　现实是，把周期性上新做得最好的企业，反而是数码产品行业。比如苹果产品，会周期性地开新品发布会，推出自己的新产品或者产品升级，最令人无语的是，很多次推出的新产品外观都不变，只是在硬件上加点儿升级。但是，接下来很多的 iPhone 持有者突然莫名就觉得自己的手机要过时了。

　　想想看，如果苹果不推出这么多版本的 iPhone，你的手机更换频率可能这么大吗？

　　一个店铺最重要的核心是产品，毋庸置疑。因此淘宝最核心的运营节奏就是"上新"，也就是说作为店铺的老板，你的主要运营手段不应该是搜索、直通车和活动，而是用搜索、直通车和活动来辅助"上新"。

　　很多发展中的店铺，在得到不容易得到的淘宝资源的时候，比如让你上一次聚划算、淘抢购，整个店铺会莫名地亢奋，把这次活动当成节假日一样。但是绝大多数情况，你的这次活动不管效果怎样，都是短期的，这里的成交固然很大，但是这些成交的客户忠实的是"特价平台"，因为你的产品上了活动才买，很难转化成你的店铺客户或品牌客户。

　　而有些卖家在面对可以轻易掌控的"上新"的时候，却变得随意而轻视。或许某些女人说得有道理，真的越是轻易能得到的越不珍惜。而不管是从搜索加权的角度来看，还是从店铺发展的角度来看，通过上新来维持客户黏性和忠诚度，都比参加官方的活动更有效而持久。

举个例子，大家可以通过生意参谋去看自己类目前 100 名店铺里的淘宝 C 店，那些做得好的天猫店不管从产品还是运营大都雷同，基本都靠爆款或者推广能力支撑，可能会有比较好的官方活动资源；而那些能进入类目 TOP 100 的集市店铺，你会发现它们不显山不露水，但是销售额一样很大，而它们可能根本没有天猫那么多的活动资源，主要就是靠细分和围绕老客户去做产品上新。

毫无疑问，如果从名声来看，前面那种天猫店似乎在行业里叱咤风云，耳熟能详，但据我所知，也仅限"知名"而已，很多甚至都不能盈利；而后者这些淘宝 C 店，因为费用相对少，不上活动，节奏比较容易控制，反而盈利状况好很多。

或者换个角度说，现在的淘宝店铺慢慢在分类，一类是要上市的，一类是不要上市的。前者做的是资本运作、兼并，把自己公司的运营和架构说得高大上，来吸引更多的投资，但是因为有增长的要求，所以它们很难慢慢地去做产品和老客户，这类店铺讲的是概念，我们不学也罢。

后者那些不要上市的淘宝大店，我们会发现这些店铺在外面很少有声音，闷着头做产品，闷着头赚钱发财，这才是我们要学习的对象。

好了，如果说到这里，你愿意认可我的观点：**上新是一个淘宝店运营的主要节奏**，如果你制订了周上新计划，那么你会发现接下来公司会很忙，上新会带动整个公司的节奏，但是会让你很踏实。

首先，你要准备一周至少安排几个产品提供给你的客户，基于你自己店铺的现状，你要考虑产品是自己设计呢，还是在阿里巴巴采购。准备什么样的产品，甚至为了使你的上新能够让老客户有期待，你是不是要考虑一个主题。

比如，天气很热时，大家都难免穿得很少，那么如果你的身材有赘肉就不太美观，所以健身就成了客户的主要活动和焦点。那么是不是我们这期的上新主题就围绕着"甩肉"来定义，我们去找一些区别于 NIKE 时尚点的运动衣服，适合穿着跑步、做瑜伽、打羽毛球等。

此外，每周的上新要呈现在客户面前还有其他工作要做。比如，如果客户不能提前知道我们这周要上运动装，去买了 NIKE 怎么办？所以，我们就需要像苹果公司每次产品没生产先开新闻发布会制造媒体舆论一样，在上新前几天就要出预告，设置定时上新让客户能够收藏和加购，在首页公告我们这周的上新主题。

如果有了这么多事情，公司人员就要分工了：

谁来定这周主题，周几前确认；

谁来定产品，周几前要到位，怎么备货；

谁来采购样品，周几前给美工；

谁来拍照，做详情，什么时候设置定时上架；

这次上新的促销怎么设置，2 件包邮还是送优惠券；

首页的预热海报，周几要出来；

微信或者微淘，或其他的渠道怎么通知到顾客；

上新后的数据怎么监控，什么产品补货或什么产品清仓；

……

其实说到这里，我有点儿内疚，如果你真听我的话去把上新当成你店铺运营的主线，会让你变得非常忙，可能连周末都没有了。但毕竟你如果不能及时地确定上新产品，你公司的美工运营接下来的工作就没法做，工作一环接一环。

但是我觉得又必须告诉你这些，因为如果你不做这些，你只能天天无所事事地闲聊，还会抱怨现在淘宝不好做。

可能有的小卖家还会抱怨，我觉得现在我的顾客很少，所以我没办法把上新当成运营的主要节奏。套用"演员的自我修养"来回答，不管现在观众有多少，你把每场演出都当成你最重要的表演，才可能有更多观众，是不是？

问题

问题 1：如果你的供应链不允许你每周上新，有什么方法可以变通吗？

答案：

_____

问题 2：周上新的工作流程表和岗位工作交接表，做一下吧。

答案：

_____

笔记

_____

淘宝运营必备技能——用数据解剖竞争单品

首先，我们继续强调一个观点，数据不是做出来看的，是要能够指导接下来的运营，所以，整理数据如果只整理自己的店铺或者产品，基本没什么意义。比如，当你知道你某个产品的转化率是 5%，你什么结论都得不出来。

但是，如果你了解对手的类似单品数据只有 2%，那说明你这个单品转化做得不错；如果对手的数据是 8%，那说明你接下来的工作要去思考如何把单品转化至少提高到对手的水平。

也就是说，数据没有对比，就没意义。作为一个淘宝店铺的运营者或者店长，我们在整理数据的时候，必须要有对照组，这是运营必备基本技能。

我们继续说，很多的淘宝店成长历史都是一部"屌丝逆袭路"，掌柜靠某个方面超强的个人能力来扛着整个团队前进。但是，当店铺销售额达到一定程度之后，掌柜就没办法像个英雄一样面面俱到地处理每件事情。这时候店铺发展就会遇到瓶颈，销售额停在某个层级很难再进一步。

这个时候，你寄希望于天降神兵不太可能，毕竟电商的人才缺口大，人心又浮躁，解决问题最好也最稳定的方式，就是掌柜要承担起帮助员工成长的任务。

而运营岗位员工的成长，我认为最好的方式是"临摹"，先让他负责一个具体的产品或者单个产品线，你和他一起把整个市场里你们认为做得比较好的三个单品找出来，通过数据去分析解剖这些单品的运营思路，然后拿自己的单品去"临摹"。

这里面我们可能遇到的问题是：一是怎么找到"临摹"单品？二是分析什么数据？三是怎么解剖数据去指导运营？

下面我们分别进行详细介绍。

一、怎么找到"临摹"单品？

我自己常用的找竞品的方法是通过**生意参谋—市场行情—商品店铺榜**，调到 7 天数据，就能得到按照支付子订单数从多到少的类目爆款信息，然后在这里找到和我们单品最类似的产品做对照组。

热销排名	商品信息	所属店铺	支付子订单数 ⇅	交易增长幅度 ⇅	支付转化率指数 ⇅	操作
1	锁边 创意卡通可爱鼠标垫加厚 女生精密防滑韩版潮流时尚小号办公 价格：3.9	佳融数码专营店	13,852	↑3.87%	474	查看详情 同款货源
2	游戏超大号鼠标垫锁边可爱动漫小号加厚笔记本电脑办公桌垫键盘垫 价格：9.8	恒奥数码专营店	12,068	↓3.37%	357	查看详情 同款货源
3	鼠标垫个性定制小号游戏可爱动漫创意定做广告lol加厚笔记本电脑 价格：10.9	大鹏数码配件专营店	8,128	↓11.59%	372	查看详情 同款货源
4	游戏鼠标垫超大号锁边网吧咖可爱卡通电脑小号办公桌垫键盘垫 价格：11.9	大鹏数码配件专营店	5,955	↓10.93%	330	查看详情 同款货源

一般我们建议大家找对照组的时候，可以考虑找一个类目爆款，一个单价相似的产品，一个销量类似的产品。类目爆款是方向，单价类似的运营方式相差不大，销量类似的数据对比更直观，容易找出问题。

如果你的产品是某个特殊属性的，比如是铝合金材质的鼠标垫，这时候我们找对照产品的时候，就可以通过右上角的商品关键词搜索功能，搜索铝合金去寻找同材质的鼠标垫做对比。

如果你发现，订单数排在前面的商品都是低客单价的，而你的商品单价较高，这时候我们建议你用品牌的方式进行筛选，找出和你单价类似的畅销品牌，然后用生意参谋商品店铺榜的品牌筛选功能，就可以找到该品牌下所有单品的数据（专业版功能）。

二、分析什么数据

之前我的文字也反复说过，单品运营要看的数据很多，但综合起来要解决的问题就三个：

（1）要让更多的人有机会看到（展现量）；

（2）看到的人更多的点击（点击率）；

（3）点击宝贝的人更多下单（转化率）。

所以我们分析对手的数据，也是围绕着这三个数据进行分析。

展现量：对手的产品主要在哪里展现？所以要有他们主要流量入口数据，大部分行业爆款的主要流量入口有两个，手淘搜索和付费，如下图所示（看7天平均）。

商品店铺榜 > 商品评估　　　　　　　　　　　　　　　　　　　　最近1天（2017-03-22~2017-03-22）

锁边 创意卡通可爱鼠标垫加厚 女生精密防滑韩版潮流时尚小号办公　　价格：3.9

PC端来源					无线端来源				
来源名称	访客数	占比	浏览量	占比	来源名称	访客数	占比	浏览量	占比
淘宝搜索	412	61.77%	526	60.53%	手淘搜索	3,364	57.80%	6,971	52.82%
直接访问	75	11.24%	113	13.00%	购物车	661	11.36%	1,847	14.00%
天猫搜索	69	10.34%	87	10.01%	淘内免费其他	609	10.46%	1,480	11.21%
淘宝客	44	6.60%	56	6.44%	我的淘宝	436	7.49%	962	7.29%
购物车	25	3.75%	37	4.26%	淘宝客	175	3.01%	568	4.30%
淘宝站内其他	11	1.65%	11	1.27%	猜客搜索	167	2.87%	373	2.83%
淘宝其他店铺	7	1.05%	7	0.81%	手淘旺信	135	2.32%	305	2.31%
其他	7	1.05%	13	1.50%	手淘问大家	100	1.72%	234	1.77%
淘宝海外	4	0.60%	4	0.46%	手淘消息中心	40	0.69%	64	0.48%
淘外流量其他	4	0.60%	4	0.46%	手淘我的评价	35	0.60%	167	1.27%

除了流量入口，展现量我们还会分析对手产品的有效词，靠哪些词引流和成交，所以我们也会在商品店铺榜里去抓取他们的成交词词根，如下图所示（主要看无线端）。

商品店铺榜 > 商品评估　　　　　　　　　　　　　　　　　　　　最近1天（2017-03-22~2017-03-22）

锁边 创意卡通可爱鼠标垫加厚 女生精密防滑韩版潮流时尚小号办公　　价格：3.9

Top10成交关键词

PC端关键词	支付子订单数	无线端关键词	支付子订单数
鼠标垫	202	鼠标垫	997
鼠标垫包邮	4	鼠标垫 小号	149
shubiaodian	3	鼠标垫 可爱	31
小鼠标垫 小号	3	鼠标垫包邮	23
鼠标垫 小	3	鼠标垫 办公	20
鼠标垫 卡通 可爱	1	鼠标垫锁边	14
鼠标垫 加厚锁边	1	鼠标垫 可爱 女生	11
鼠标垫 小号	1	电脑鼠标垫	11
鼠标垫 可爱	1	鼠标垫小号 办公	7
鼠标垫 创意	1	鼠标垫 小号	7

点击率：这个是目前生意参谋最大的问题，我在文章《主图决定搜索》中也讲过，目前搜索起步阶段的最大胜负手是主图点击率，可恨的是生意参谋到现在都没有去统计无线端的展现量，因此无线点击率无从计算。

但是，这个数据对于单品运营又特别重要，所以如果是势在必得的单品，我们想获取对手的点击率数据，只能利用黑科技，把对手的主图做对照，放到直通车来测试。

状态	创意	创意尺寸	投放设备	展现量	点击量	点击率	花费	点击转化率	投入产出比	总成交笔数
推广中	腾达A9 wifi信号放大器 中继器 无线扩展器 135.00元	800x800	计算机&移动	522,047	35,798	6.86%	¥45,972.83	5.52%	2.81	1,977
推广中	腾达A9 wifi信号放大器 中继器 无线扩展器 135.00元	800x800	计算机&移动	350,263	27,684	7.90%	¥29,440.09	3.97%	2.43	1,100
推广中	腾达A9 wifi信号放大器 中继器 无线扩展器 135.00元	800x800	计算机&移动	508,055	35,073	6.90%	¥40,050.90	7.28%	4.20	2,554
完成	腾达A9 wifi信号放大器 中继器 无线扩展器 135.00元	800x800	计算机&移动	106,978	7,062	6.60%	¥9,144.78	5.32%	2.70	376
完成	腾达A9 wifi信号放大器 中继器 无线扩展器 135.00元	800x800	计算机&移动	151,371	10,624	7.02%	¥12,776.52	5.36%	2.97	569

方法如上图所示，把对手的主图复制下来，添加到直通车的实验创意，会自动对照我们自己的主图，得到竞品点击率数据。

不过，直通车这个测图功能尚处于内测阶段，并没有向所有卖家开放，如果没有这个功能，可以尝试把对手主图放到对照创意里来测试。

转化率：在生意参谋的商品店铺榜数据里，有个叫转化指数的数据，是根据商品的转化率算出的一个转化相对数据，大家可以直接用来拿自己的商品和对手的做对比，具体大家可以看下图。

热销排名	商品信息	所属店铺	支付子订单数 ⇕	交易增长幅度 ⇕	支付转化率指数 ⇕
2	锁边 创意卡通可爱鼠标垫加厚 女生精密防滑韩版潮流时尚小号办公 价格：3.9	佳融数码专营店	1,956	↓2.96%	467
3	鼠标垫个性定制小号游戏可爱动漫创意定做广告lol加厚笔记本电脑 价格：10.9	大鹏数码配件专营店	1,160	↓8.18%	371
4	游戏鼠标垫超大号加厚锁边网吧可爱卡通电脑小号办公桌垫键盘垫 价格：11.9	大鹏数码配件专营店	828	↓9.98%	320
5	微翔 超大鼠标垫 LOL游戏卡通键盘垫 加厚 大号锁边包边办公桌垫 价格：10.9	同创数码专营店	734	↓12.40%	278
6	游戏鼠标垫超大号加厚锁边创意可爱卡通电脑鼠标垫办公桌垫键盘垫 价格：14	新盟旗舰店	722	↓7.36%	324

我们认为商品做爆款的前期流量增长主要依赖的数据是点击率，而商品成熟之后的稳定性主要依赖转化率。简单去理解转化率，就是在获取相同流量的情况下，谁能产出更多销量。换句话说，就是谁能够更好地利用淘宝的流量，淘宝才会放心持续地给你流量。

综合来说，转化率是爆款宝贝的"兵家必争之地"。而我们认为，我们通过抓取竞争对手的转化指数，分析那些转化比较好的单品，就可以找出我们转化低的"症结所在"。

一般我们认为，分析转化从下面4点入手：

（1）价格（不解释）；

（2）评分（看产品本身）；

（3）促销策略（经常发现对手的促销改变会引起转化波动）；

（4）客服接单策略（询单处理技巧）。

注意，没有看对手的详情页优化逻辑，原因是我们发现调整详情页其实对于转化影响很小，尤其是低单价商品的详情页。我个人的观点是：

（1）随着无线端流量越来越大，无线端页面设计本身就不推荐客户去打开详情页。

（2）一直认为简单直接才最有效，那些所谓的客户心理转几个弯，让客户去体会的，只能存在于教材里，一点儿都不适合实战。

三、怎么"解剖"数据去指导运营？

我认为，在运营的岗位制作表格，要遵循儿个原则：**可操作，可呈现，可启发，可监督**。

稍微解释一下，就是你要去做的东西，要能真正可以操作，操作结果可以具体地用一张表格呈现，并且得出来的东西不能仅仅是一张表格，要能够启发制作表格人的思考。最后，如果没有人监督这个行为，那么这个事情很难持久，所以什么时间内完成什么样的表格，谁来监督在事前都要定好。

由于时间关系，我根据上面全文的观点简单制作了一个鼠标垫的竞品分析表格，在下图中，我们看到销量第一名的 9.9 元价格最高，但是转化指数不低，所以我们认为在这个价位段其实便宜两元钱对于转化影响不大，因此可以提价到 9.9 元。

产品	手淘搜索	主要付费	有效词根	点击率	评分	转化指数	价格	促销和策略	总结
	7717	1646	鼠标垫，超大，键盘垫，加厚，游戏，桌垫 电脑，动漫		4.8	341	9.9-10.9	3倍天猫积分	总销量第一
	5767	1683	鼠标垫，超大，可爱，桌垫，键盘垫，办公，电脑，游戏		4.8	344	6.9	3倍天猫积分	可爱，卡通
	537	54	鼠标垫，超大，胶垫，加长，加厚，动漫，键盘		4.8	254	7.8		
	4877	1962	鼠标垫，超大，键盘垫，游戏，加厚，电脑桌		4.8	361	6.9		

销量第一和第二的都用 3 倍天猫积分做促销，我们可以尝试着跟进。

在有效词根里，我们看到大家标题里都有 LOL 和英雄联盟的关键词，但是实际几乎没有成交。我们得出两个结论，一是这个词在现有的标题里没用，二是我们可以考虑上一款全是 LOL 主题的鼠标垫，目前是竞争空白。

其他分析从略。

当这个表格每周这个时间都做一次，并持续做下去，就可以做到每当对手有什么运营行为的改变，比如降价、促销等，我们都可以通过数据分析，来确认他的运营是否见效，决定接下来我们是有效跟进还是继续观望。

当你的运营持续每周都在做该类目的竞品分析表，就好像让你和几个同行的运营高手一起办公、持续对话，这时你想不成长都很难。

问题

问题：试着做一张竞品分析表吧，记住，最重要的不是形式，而是指导运营。

答案：

_____

笔记

_____

爆款秘籍 1——把顾客当"老太太"

唐代诗人白居易作诗,力求通俗易懂。据说他每写一首诗,必对家中老妪读之,老太太能理解的就抄录,不明白的就改写。

某电饭锅品牌,刚开始花钱研发了很多新科技,去升级自己的产品,宣传里用了各种高大上的新词汇,但是普通用户懵懵懂懂不买账,销量一直上不去。

后来,他们走到商场看顾客买电饭锅的过程,发现老太太买电饭锅,手一拎感觉很重的时候,会心想"好家伙,这质量肯定好"。

接着,这个电饭锅品牌仅仅又做了一件事,将锅胆加重,然后,这款电饭锅就成了爆款。

各位,到这里不知道大家有没有看懂,这和白居易写诗要先给老太太看其实是一个道理,你发掘出来再牛的痛点,消费者如果直观感受不到,就很难成功。

当然,我并不是说花钱研发这些科技是没用的,而是说让产品被用户能直观感受到决定了营销能否成功,而产品的真正功能是需要长期使用才能体验到的,会决定这个产品的生命周期,因此,当我们有了一个新产品要去运营的时候,短期能够做的就是满足用户的直观感受。

回到标题,把客户当成"老太太",要求我们找出痛点的时候,尽量用客户能直观感受到的点去表达,而且尽量把复杂的专业性的痛点用"老太太"能明白的语言来说明,比如"美的空调,一晚上一度电""怕上火,就喝王老吉""送礼就送脑白金"等。

给大家说说我自己店铺在优化产品卖点时的思考:

在做 Wi-Fi 信号放大器这个产品的时候,产品的核心功能其实是优化

Wi-Fi 网络，但是如果你让工程师去介绍产品，全是专业术语客户听不懂，但是如果你说"让 Wi-Fi 信号满格"，客户立马能够感受到，等收到货之后发现真的信号满格，直观感受就会给这个产品带来好评和传播。

当然，其实信号满格，并不一定意味着产品发挥了最大的作用。我在公司内部群里是这样和店长说的，我们做销售要的是让客户最直观地了解产品，至于提升产品的品质，我们要的是不断反馈客户意见到品牌方，让他们去提升产品的效果。

总的来说，做产品一定要有"外行思维"。据说能够开发出微信这儿牛的社交产品的人，往往本身就是有社交障碍的，因为有障碍，别人很简单正常地面对面沟通，他做不到，所以才会想要通过一个工具来实现，而这时候他对于用户的这种"闷骚"心理就会掌握得恰到好处。

很多人在做产品卖点或者是产品描述时，都会把自己假想成客户，而因为浸淫在这个行业很久，他会认为一些基础的知识理所应当大家都知道，但其实并不是他想的那样。

所以不妨从今天开始，试试看，重新去优化产品卖点和描述，找几个从来没有对你这个行业有了解的"老太太"客户，用一句话让她能够理解你的产品，并且把产品的卖点做成客户能够直观感受到的。

如果能做到以上两点，你会发现其实爆款要做的核心根本就不是技术，而是"人心"。

问题

问题 1：用一句话，把你的产品或者店铺定位介绍给"老太太"客户。

答案：

_____

问题 2：在客户痛点当中，哪个点你能做到让客户收货之后，有最直观的感受？

答案：

_____

笔记

_____

爆款秘籍 2——找痛点

为了庆祝我店的单品月销量过 3 万件，单个产品月销售额破 200 万元，和大家一起研究一下，爆款到底是如何"炼"成的。

"什么，你还在谈'爆款'，太 OUT 了！这已经在淘宝运营里过时了。"

可能有很多的读者这一瞬间是这么想的，我之前说过，电商发展才短短十几年，而线下传统商业充分竞争发展了这么久，所以电商未来会怎么发展，完全可以借鉴传统商业。那么，我们所了解的世界知名品牌，有没有靠爆款活的？

可口可乐，一直在卖特制糖水。

苹果公司的畅销产品也就那几个，iPhone、iPad。

香飘飘，凭借一杯奶茶做到几百个亿。

送礼就送脑白金，让史玉柱从"负翁"到"富翁"。

……

随着互联网让竞争变得更充分，每个产品都面临着更大的竞争。要想在电商生态圈里突围出来，首先要给自己定个小目标，当然不是先赚一个亿，没错，是先做一个小爆款。

当然，这里的爆款和之前大家说的爆款有区别，之前的淘宝爆款概念是向搜索要流量，而之后爆款的概念是用产品向客户要流量。

爆款战役这篇文字我会分几个部分来写，但更希望的是，能够抛砖引玉，通过这篇文字收集更多各个行业打造爆款的成功经历，可以口述给我，我把它转成文字分享给大家，百家争鸣，百花齐放。

某公司研发新品，做出了一款磁悬浮音箱，看起来很科幻，并把它当成革命性的创新产品推向市场，但是最后发现，消费者好像并不买账。因为吸引眼球所以流量很高，但是转化率极低。在消费者眼中，这个不是他购买音箱的主要理由，他们反复考虑后明白音质、低音效果等才是他们真正需要的，这时候就会放弃这个产品。

小米公司也曾经犯过一个错误，投入很多资金研发了一条手机投屏线，把手机屏幕投到电视上，最后做出来一共销售了1000条不到，连研发的投资都没赚出来，自己觉得很好，但有这个需求的用户却很少。

工厂型的电商在电商行业成功率比较低，其中很大的原因是，这些工厂型电商企业的"大脑"思考问题的方式不够"互联网化",他们给你介绍产品,往往会直接从产品出发,大概会告诉你他们有什么新技术、新专利,产品质量能做多好,用什么新型的材质来做。

而互联网化的电商,思考方式恰恰不同。我们思考的是我们的客户是谁,他们在什么场景下使用我们的产品,对于产品功能有哪些要求,我们的供应链情况能满足哪些要求。当我们把每个使用我们产品的客户场景还原之后,罗列出这些不同人的需求,然后把最普遍的需求找出来,就是我们说的痛点。

当然,我们说找到你的客户痛点的最好方法,并不是思考"**他使用你们产品能解决什么问题**",而是思考"**他在想买这个产品前,遇到了什么问题**"。

两者有什么区别,下面举例子说明:

一个客户到你家买一套阳台桌椅,他有这个需求,大概是想把阳台装扮好看点儿。

来我家买 Wi-Fi 信号放大器的客户,他想买这个东西,可能是在厕所或者阳台上,信号不够好。

搜索"敬酒服"或者"晚宴服"的女生,她真实的需求,大概是想知道在这种场合应该穿什么衣服得体。

核心的痛点并没有呈现在表面,而是躲在需求的真相后面。所以,我的主张是,好的产品都不应该只是个"硬件",而是用"软件"+"硬件"解决掉用户的痛点,而软件的配套能够让"硬件"的使用体验提高到最佳。

对买阳台桌椅的客户,我们在卖桌椅之前可以给他几个阳台装修的方案,并且把我们产品更合理地搭配在用户阳台里。在这里,桌椅是硬件,阳台装扮方案是软件。

对买信号放大器的客户,除了卖给他这个产品外,我们还要根据他们家的具体户型,教他怎么摆放路由器和放大器才能做到 Wi-Fi 全部覆盖。在这里，中继器是硬件，帮用户信号全面覆盖是软件。

卖敬酒服的商家，不仅要关注礼服的款式设计，还要告诉客户为什么这样款式的礼服得体大方，甚至还要告诉客户参加这种宴会的基本礼仪。在这里，礼服是硬件，礼节是软件。

大家都在谈电商运营的技术、数据，但是我很多的时候，甚至在运营的过程中经常用到百度。当我们卖阳台桌椅的时候，我要去了解美式、北欧风格的阳台装修图片；当我卖信号放大器的时候，我要知道它工作的原理和发烧友评价的优缺点；当我卖敬酒服的时候，我要知道传统文化和西方文化在宴会上的穿着打扮的礼节。

产品不应该只是个"东西"，如果只有产品这一个"硬件"，那么你不可避免地要因为被模仿而遭遇价格战，而"软硬结合"，才能让你在爆款这条路上走得更久。

"科技以人为本"，淘宝运营也要"以人为本"，只有你了解了客户的真实痛点，并且比他们更专业的时候，你才能够像意见领袖一样去做主图描述，才能让客户像粉丝一样对你"俯首称臣"。

问题

问题1：什么样的人群，在什么场景下会来买你的东西？

答案：

_____

问题2：在买东西之前，他们遇到了什么问题需要解决？罗列三个。

答案：

_____

问题 3：在这些问题当中，哪一个点客户很痛，而你最有信心帮他解决？

答案：

_____

问题 4：为了提升"硬件体验"，你应提供给客户的"软件"是什么？

答案：

_____

笔记

_____

直通车对淘宝搜索有没有加权

1. 贾真老师，你现在会借助直通车来打造爆款吗？怎么操作呢？

首先我们说一个观点，基于现在手机淘宝的搜索排名特点，爆款的流量再次被削弱。

大家测试看看，你用手机淘宝搜索一个关键词，在手机的第一屏除去直通车位置，所展示的商品和销量排序里展示的商品差异很大，往往销量排序里的低价爆款都不会展示在手淘默认排序里。也就是说手淘的搜索会屏蔽低于某个价格的商品，还有一个原因是手淘搜索的第二、第三名是根据你浏览和购买习惯的个性化商品。

我武断地说，几乎 99% 的爆款都是低价，再结合这个手淘排名特点来看，如果现在做爆款，几乎很难从默认搜索里获取流量，只能从销量排序里获取流量。当然，因为手机屏幕小的原因，每个搜索结果页面展示的商品个数变少，所以流量会进一步集中。因此如果你是销量排序的前三名，流量仍然会很大，转化率也很高。但是，也仅限销量排名的前几名。也就是说，你想要打造爆款就首先要做好破釜沉舟的准备。一将功成万骨枯，只有冲进前三才可能活。更让爆款绝望的是，我们似乎发现淘宝在测试销量排序里也进行个性化……

曾经有个学员向我反馈一个问题，他有一个宝贝比对手销量高200个，但是从生意参谋里的商品店铺榜里去看对手宝贝的流量构成，发现对手的手淘搜索比他高将近两倍，问我为什么。

我当时让他们几个人一起在手机淘宝里搜索行业最热词，让他们下滑找首屏最低价。他们发现这个关键词大家普遍首屏展示的最低价是49元，对手的产品正好是49元，而他们的产品是35元，所以我给他们的诊断结果是，价格太低了，很多关键词因为价格原因被屏蔽了。

做生意讲究"顺势而为"，基于目前的手机淘宝的特点，流量不停地打散，如果不是想冲销量排序的第一名，我们就不应该期待某个商品会获取很大的销量。尽量选择产品价格在手淘搜索首屏价格以上，策略上做爆款的"降维攻击"。爆款一定要想办法去抓尽可能多的人群，而群爆款的思路是每个产品抓一个人群，但是爆款群就能精准地抓住尽可能多的人群。

一个产品有10000的月销量，肯定不如有10个产品，每个产品有1000个销量更加稳定和赚钱。而当你每个产品去抓一个人群，有了基础销量之后，可以尝试再用同样的思路去开直通车做"精确攻击"。这时候你会发现，直通车的技术好像并不是那么难。

2. 贾真老师，是不是做搜索一定要用直通车辅助，不花钱就不给流量？

听过很多卖家和我表达他们的看法，说在淘宝做销量必须要做付费推广，原因是如果你不做付费，不给淘宝交钱，淘宝怎么可能给你更多流量。甚至还有的大卖家，每天直通车推广费几万元，数据做得很差也还在硬撑。我问老板为什么，她说怕万一不花钱淘宝不给流量怎么办。

我自己在做新店的时候，曾经三个月冲到月销售额 100 万元，没做任何的直通车推广。对于新卖家，初期最适合的推广渠道反而是淘宝客。

我去阿里的时候，也和小二说过卖家的这个误区，认为直通车如果不花钱，搜索流量就上不去。小二听了当时哈哈大笑，觉得这是比较幼稚的想法。其实直通车和搜索并没有"经济上"的挂钩，搜索流量的多少和开不开直通车这个动作本身没有任何关系。

但是，目前从所有推广渠道来看，直通车对于搜索的帮助是最直接的，因为除了开直通车能额外增加销量之外，还能增加"关键词累积权重"，也就是说，我们在冲单品的某个关键词排名的时候，直通车如果也通过这个关键词成交，那么会有个额外的权重加分。

如果你开了直通车，而且 ROI 能够做到基本不亏，那么我强烈建议你长期开直通车，因为直通车产生的成交能够帮助你打破原有的平衡，获取搜索排名的增长，带来滚雪球式的销量增长。

我很赞同关于广告方面的"爆米花机理论"，这个是史玉柱在自传里说到的，他说广告最重要思考的不是投放多少钱，而是怎么投。如果你的广告本身是个蹩脚的爆米花机器，玉米扔进去都浪费了，那你一个玉米也不要扔进去；但是，如果你爆米花机器很强大，每个玉米扔进去，都能爆出最大的爆米花，那么建议你有多少玉米都要扔进去。而这个爆米花机器，就是广告投放的策划。

用直通车来辅助搜索，更重要的不是投不投钱，投多少钱，而是在做宝贝直通车推广之前，先确认这个产品主打哪类用户群体，它的使用场景是哪里，用哪些词，不能用哪些词，用什么样的图片去引起共鸣。

3. 为什么直通车测图，测出来数据是好的，作为搜索主图并不好？

我自己的店铺也曾遇到同样的困惑，鼠标垫的某个图在直通车里点击率很高，但是一换到搜索的主图里，数据就不好。

我当时猜测，直通车和搜索的用户行为都一样，通过关键词筛选宝贝，唯一的不同就是位置不同，所以可能是周边的宝贝会影响到这个宝贝的点击率，但是这个分析只能是猜测，没有数据证明。

后来仔细分析，找到了真正的原因，因为在直通车里最大展现量的词是"可爱 鼠标垫"，而在标题里最大展现量的词是"游戏 鼠标垫"，所以，在直通车里测试的时候一款卡通形象的主图点击率很好，而放在搜索里点击率就很差。

所以，直通车测图如果要想准确，必须优先保证直通车主展现词和搜索里主展现词尽量一致，同时测图的数据要达到一定的点击量。

注意，测图不能用时间维度来衡量，比如有的宝贝投放量大，一天就几千个点击量，而有的宝贝投放量少，几天也才几十个点击量。我们把直通车主图测试看成我们去征求意见，而每个点击就可以看成一个"投票"，所以调查的人越多，投票的结果就越精确，因此我自己店铺主图测试的最低要求是 100 个点击量。

4. 直通车的关键词和标题里的关键词有关系吗？

标题的关键词和直通车的质量得分有关系。直通车的质量得分有三个维度：创意质量、相关性、买家体验。相关性指的是关键词与宝贝类目、属性及文本等信息的相符程度，而这个文本信息主要指的就是标题关键词，标题里有的关键词，如果有成交，放入直通车推广一般质量得分都不低。

每次改动标题，都可能影响到你直通车关键词的质量得分，所以我们在改标题之前要关注几个方面的数据：引流、成交、直通车词。

5. 贾真老师，我是电商新人，团队人员基本没有经验，感觉学不到东西。作为新人，是选择一个成熟的团队，还是选择全新的团队更利于成长？

成熟的团队，因为分工相对明确，而且基于公司结构自主性会受到限制，也就是说不是你想干吗就能干吗，所以大电商公司的人员单兵运营能力反而不强，就算强也只是会一个点，不适合学习和成长。

而新的团队，就好像大部分夫妻店，因为销量太少，可能很多淘宝的功能都不会选择去使用，比如好多夫妻店直通车只是个摆设。如果你去了这样的团队大概也只能做客服还有打包了。

在我接触的电商人才当中，能力最强的大概就是公司有 10 ～ 20 个人的老板了。在这样的公司里，你几乎所有的东西都能接触到。这时候你可以系统地去摸索整个运营流程，然后在这个流程中找出自己最感兴趣的进行钻研。只要有了一点儿成绩，老板就会给你更多的权限，接下来店铺就会成为你的舞台。

最后，我再给你的不是电商运营方面的建议，而是我曾经给我弟弟的工作建议：一旦你接受了某份合同，开始工作了，就要把事情当成是自己的拼命去做好。

千万不要把老板的好坏、给的工资多少当成你是否出力的参考。在你这个年纪，上班不能去耗时间，你可能觉得偷懒是赚了老板的工资，实际是耗费自己更宝贵的青春。要努力在工作的过程中让自己成长。我不相信"怀才不遇"，确实机遇和贵人可能会帮你更早地成功，但是只要你自己能力提高了，即使暂时没有机遇，成功也是早晚的事情。

3

团队绩效

阿米巴——10 人以上电商团队管理探索

记者问科比，你成功的秘诀是什么？科比说，你知道洛杉矶凌晨 4 点的样子吗？记者又问淘宝卖家，你知道凌晨 4 点的样子吗？卖家说，不知道，那时候我还没睡觉。

段子归段子，但是反映出一个问题：像我这样的草根天猫卖家，公司人员虽然越来越多，却没有让自己更轻松，反而因为不擅长管理，做得更加辛苦。

针对电商这个特定团队的管理需求，我看了很多书籍，查找了很多资料，最后觉得特别适合的，是被很多人追捧的日本稻盛和夫先生倡导的阿米巴经营。

收到淘宝大学邀请去韩都衣舍参观时，我正在深圳出差。但是，还是毫不犹豫地答应了，立刻让助理订了机票，当天"济南—深圳"飞了一个来回。因为我知道，阿米巴模式在电商企业的最佳应用，是韩都衣舍的"小组制"。

于是就有了下面这篇文字，基于韩都衣舍的小组制实践，思考阿米巴模式如何在自己的电商企业中应用。

很多人都知道阿米巴经营是一种企业管理理论。但其实，阿米巴最成功的应用，可能并不是在企业，而是在体育比赛里。

我们知道，足球比赛的胜利要靠进球，但往往一场比赛加起来一共进不了几个球。而一个球队 11 个人，有明确的分工，进球往往是前场球员或前锋的直接功劳，所以如果只看进球论英雄，后卫球员就会缺乏存在感和努力的动力。

因此，现在体育引入了非常强大的数据统计技术，能够清楚地计算出每个球员的跑动距离、传球成功率、断球次数、效率值等。这样，即使从来不进球的球员，也可以通过数据计算出对于获胜的贡献值，成为最佳球员。这样他就会知道，自己的每一步跑动、每一次断球都会为球队最后的胜利贡献多少价值，就会明确自己在比赛中的分工，心甘情愿地去承担起自己的任务。

更进一步，这种数据会指导球队的教练和球员的场上行为。例如，如果大家知道一旦控球率比对手高，胜率会提高 80%，那么球员在场上就不会盲目地进攻，而是优先保证球在脚下。

同样，在电商的公司里，往往最有成就感的部门是销售部，因为他们是产生利润的最前端。而其他部门的人员，比如仓储、美工、采购人员等，就很难把自己的价值直接反馈到利润里。长此以往，他们就会不知道自己的价值和工作的意义，缺乏"主动经营"精神，做事情抓不到重点。

各位想想，你作为公司的老板为什么那么努力？因为你的努力，很容易通过公司财报直接反映出来，你也可以直接享受到自己努力带来的成果。

阿米巴模式的核心，是用强大的数据能力，用合适的算法把公司每个员工的"利润能力"清楚地计算出来，以此来激发每个员工的主人翁精神。

其实传统行业垂涎阿米巴运营很久，但少有成功，难点在于阿米巴对于数据的准确性、数据反馈的及时性有很高的要求，而线下企业对相关数据很难去收集反馈。

幸运的是，基于互联网数据的透明和高效，电商企业恰好符合了执行阿米巴运营的多数要求。那么，电商企业如果进行了阿米巴经营，要怎么做，有什么好处，会有什么难点呢？

公司"内部外包"——电商阿米巴改革第一步

电商企业进行阿米巴经营的第一个改变，就是职能部门的重塑。以前，公司能够产生利润的部门只有销售部，但是阿米巴改革之后，要让公司的大多数部门都变成"盈利部门"。

举例说明：之前公司的美工做描述，海报都是无偿的。改成阿米巴运营之后，视觉部单独作为"子公司"，任何的劳务都是收费的。运营部需要美工制作产品描述，美工可以按照市场价进行"内部定价"，比如 100 元一个产品拍摄，50 元一个描述，20 元一个海报等。

当然，不是直接给现金，只是开具一个"内部对账单"。月底的时候视觉部门就可以根据这一个月"内部对账单"来计算本部门的总利润，甚至可以清楚地计算出每一个美工对于视觉部的个人利润贡献。

这样改变有什么好处？美工因为每个劳动都是有价的，所以会希望运营上更多的新产品让他做页面，而不会抱怨；运营因为要分自己的销售利润给美工，所以对美工的每一个结果都会要求更高，达不到要求的会要求美工重新制作。甚至到最后，如果美工时间空闲，可以允许美工不仅完成自己公司的内部销售，还能把自己的时间通过公司对外销售出去，为集体产生额外利润（每个阿米巴有对内销售定价、对外销售定价）。

在这里面，运营推广部就成为店铺其他部门的"老板"，因为它们和公司任何其他部门交易，都需要把自己部门的毛利通过合理的内部价格分出来。韩都衣舍运营部的销售毛利计算方法是（销售额－成本）× 毛利润 × 提成系数 × 库存周转率，仅供大家参考。

同样，发货出库岗位也可以通过类似视觉部门的方法变成"盈利部门"。比如，我们电商企业用菜鸟仓库，每发一件的平均成本是 6 元，包含物流费、配货、打包材料、人工等，并且要承担错发损失。那我们也可以把自己公司的仓库当成外包仓库，仓库每发一件货，运营部门要从销售利润当中拿出 6 元给仓库部。如果仓库小组的组长可以通过自己的努力降低物流费用，节约打包材料，减少出错等来控制成本在 5 元，那么每发一件货，仓库的利润就是 1 元。比如我自己的公司，每个月的发货件数是 10 万件左右，那么发货部门的月利润就可以达到 10 万元。

当然，阿米巴做的不仅是这个，它还有个很重要的公式，叫单位时间附加价值。单位时间价值 =（销售额－经费）÷ 员工总时间，得出部门的员工平均效率值。简单地说，能计算出每个员工每小时创造多少利润。这个利润高于公司支付的小时工资部分，就是员工的单位时间附加价值，如果低于小时工资，那么这个部门就成为公司的"赤字部门"，也就是说，这个部门的员工连自己的工资都赚不出来。

单位时间附加价值，是每个阿米巴小组的重要考核标准。小组的组长为了让这个数据尽可能高，就必须要想办法用更少的人员，让单位时间效率尽可能高，尽量少地加班。而且，员工的工作时间甚至可以"外借"销售。比如"双十一"期间，美工可能也要去打包，这时候视觉部的工作时间降低，仓库部门的工作时间提高，这样员工就会慢慢意识到自己的时间很有价值，从而提高工作效率。

采购部门要想成为"盈利部门"，必须通过降低采购成本。举例来说：如果某个产品的阿里巴巴普遍采购成本是 10 元 / 个，但是采购通过自己的努力，降低到 8 元 / 个，那么这差价 2 元就成为采购部门的利润。

仓储部门通过控制售罄率来创造利润，在保证发货效率的同时，售罄率标准以上的库存成本部分转变成利润。例如，如果正常售罄率是 70%，但是仓储部通过合理的采购节奏，保证了售罄率 90%，那么库存成本 ×20%× 提成系数就成了仓储部的利润。

这里值得大家注意的是来自韩都衣舍的经验，有的品牌看起来销售额很好，但是售罄率很低，因此造成了库存积压，最后其实是"赤字部门"。所以，韩都衣舍目前采用的是小批量测款的方式，每个小组的新款按照预测量的30% 生产，根据上新后的消费者数据反馈给产品划分等级，分成"爆""旺""平""滞" 4 个等级，爆款和旺销的款式马上返单，而平销和滞销款立刻进行促销，以此来保证整体的售罄率。

总的来说，阿米巴经营的目的是为了追求利润，而利润的实现通过三个方面保证：一是销售额提升；二是经费成本下降；三是提升效率，劳动时间减少。

其实，阿米巴模式在日本更侧重于控制成本，通过降低各方面费用，控制库存来提升利润，这也正是很多草根电商最缺的，因为它们只关注营业额。

客服部门通过提升效率来创造利润，比如平均水准是一个客服一天接待 200 个客户。所以，我们计算一天接待 2000 个客户要 10 个售前客服。如果客服部门在保证询单转化率的同时，接待 2000 个客户只要 6 个客服，那么节省下来的 4 个工作岗位的费用就成了客服部门的利润，并且，更少的人工会有更高的单位时间附加价值，拿更多的工资。

当然，在企业里有一些部门是无法划分成盈利部门的，比如数据统计、财务、行政、人资等。阿米巴经营要做的第一件事情，是部门的重新划分，设定成可以盈利的结算部门和不能盈利的非结算部门。不能产生盈利的，可以划分成非结算部门，而这些部门的费用会成为公司的成本被其他部门分摊。

（公司进行阿米巴经营改革的步骤：公司架构重建→划分阿米巴小组→任命小组长→盈利核算模式→小组运营。）

设想一下，如果公司一旦进行这样的重建，相当于把一个大公司变成由销售部门牵头的 N 个小公司，而每个阿米巴小组的组长，就相当于小公司的老板，独立核算，自主运营。甚至，同个部门可以有平行的多个小组，通过内部竞争获取更多的"内部销售订单"。

可以参照韩都衣舍引入小组"打飞机"竞赛思考，不同部门的小组通过横向对比"单位时间附加值"，可以清楚地知道每个小组对于企业的利润贡献排名。而公司也能迅速地通过各小组的"财务反馈"，清楚地知道公司哪些项目、部门和产品在盈利，哪些"赤字业务"需要立刻砍掉。

换一个角度来看，其实阿米巴实现的是公司平台化、扁平化，通过阿米巴自下而上的决策来快速反应，拥抱互联网的变化。就像韩都衣舍董事长赵迎光说的，企业从原来的商业独裁变成商业民主，从把员工当成赚钱工具到成为员工的赚钱工具。

这样的电商企业结构，一旦很好地运转起来，那么公司每个部门的每个员工都能像体育比赛里的球员一样，清楚地知道自己的利润贡献和职责分工。即使不是最终产生利润的岗位也可以用自己的工作成果，得到全公司的尊重。

写到这里，我必须负责任地和大家说，我在《阿米巴实战》这本书里看到，日本稻盛和夫的公司曾经帮助中国进行阿米巴经营的企业有罗莱家纺。我特地在微信里问了一下罗莱的实践现状如何，罗莱的负责人告诉我，阿米巴确实推行过，但是现在不用了。包括我在网上查资料的时候，也看到很多评论，说阿米巴不适合中国国情。

其实，我在写这篇文章的时候，尽量让自己站在"上帝视角"，不加个人感情。因为我做了这么多功课的目的，不是为了写一篇文字，而是想让自己的公司进行阿米巴经营。

问题

问题1：你的公司适合阿米巴运营吗？

答案：

_____

问题2：阿米巴的核心点，除了国情，还需要有统一的企业价值观，你怎么来做？

答案：

_____

笔记

_____

做淘宝的方式简单点儿

我刚开始做淘宝的时候，除了睡觉其他时间几乎都耗在淘宝上，我安慰自己："**我可以容忍自己不成功，但是不能原谅自己的不努力。**"那时候的我，觉得把大部分时间都奉献给淘宝，这就是努力。

但是，有一次当我结束了一天十几个小时的工作，努力回想我今天工作内容的时候，我发现自己所做的，不过是在不停地翻看后台的各种数据、对手的店铺，每隔一段时间去看看访客数和销售额的变化，真正对店铺改变和优化的行为，几乎没有！

我开始反思自己的心态并做出调整，当我每天走进公司，知道自己今天可以有一整天时间去经营店铺，就会变得悠闲放松。所以我开始尝试另外一种方法，每天下午 1 点去公司，6 点回家，要求自己整天只能工作 5 个小时。这时候我发现心态马上改变了：因为我知道所有的事情都只能在 5 个小时内处理完，所以我每次去公司之后，先把今天必须要处理的事情写到白纸上，然后按照重要程度一个一个去完成，最后发现竟然效率比以前工作十几个小时还要高。

后来，我没事就去看我公司店长和其他人的工作方式，发现他们的问题和我非常类似，大家不约而同地坐在电脑前不停地翻看数据、销售额，看起来忙忙碌碌，但是一天下来除了费电，对于店铺几乎没有任何帮助。

甚至，我每次被邀请去其他淘宝公司做内训，帮他们梳理岗位分工，第一件事情都是会让每个运营岗位去梳理自己的工作流程，把每天固定要做的事情整理下来，最后发现几乎所有公司运营的工作内容，都是"看"：看销售额数据，看访客数变化，看店铺转化率，看直通车 ROI 等，而且很多公司还会让运营整理一个很工整的店铺数据日报表，花很长时间做出来，丢到群里大家看一眼，然后就没有然后了。

接着，我就拉着公司所有人一起开会，问大家："你们相信人的思想会有力量吗？"

所有人莫名其妙地摇摇头，说没有吧。

接着我说，"如果思想有力量，我觉得我们全公司人一起盯着销售额，销售额会上去；如果没有，那么我觉得我们应该减少'看'的时间，多做点儿具体事情去改变现状。哪怕我们去回访一个老客户，调整一个标题描述，都有行动，都会比现在做的事情有意义。"

"如果我们日报表内容，只是看店铺销售额和访客数，那么我们做完这件事情能得到的：只是看到销售额增加，开心；看到销售额降低，难过。除此之外，没有任何帮助。"

"每一张表格最大的意义，不应该是数据，而是基于数据告诉我们接下来要去做什么，所以只有数字、没有文字结论的表格我觉得都没有什么意义。"

"接下来，我们希望公司的每个人做的所有事情，都不要出于形式，必须对行为有指导。如果你一旦发现，你现在做的表格只是在完成我给你的任务，做出来不能对你有帮助，马上提出来，我们一起研究改进。如果发现真的没用，那我们就不做这件事。"

会议开完了，大家都觉得很不错，建议可以把工作分配一下，把淘宝店要做的工作都列举出来，然后由相应的岗位去完成自己的任务。这样就解决了运营的细节问题。

尤其现在无线淘宝时代，流量入口产生了很大的改变。在之前 PC 时代，消费者访问淘宝的目的很明确，就是买东西，因此淘宝店的流量入口很单一，搜索、付费，还有自主访问，其他流量部分基本可以忽略不计，所以我们的工作内容也很简单，就是分工搜索运营、付费推广，还有老客户 CRM。

在现在的无线时代，手机用户有了更多的无聊时间可以用淘宝来打发，时间碎片化了，流量就变得多样化了，手淘有好货、微淘、爱逛街、必买清单，还有各种活动等，越来越多的入口开始出现。这对于淘宝运营带来的挑战是，我们的工作内容变得越来越烦琐，需要关注的点越来越多，如果没有计划和分工，会让你手忙脚乱。

然后我们带公司员工一起头脑风暴，**把所有淘宝天猫店日常要做的工作都列举出来，分配给相应的人**。因为公司人员有限，不需要每个岗位都有专员，可以根据个人爱好能力，自己领任务，一人兼任多职。

当时我们在整理这张工作分工表的时候，核心思路是："**可操作，可启发，可呈现，可监督**。"简单地说，就是工作分工里不能有类似像标题优化、主图优化这种事项，原因是员工可能按照你的分工去"自以为是"地调整了标题、主图，但是你怎么保证他会调整得更好，而不是更差？

为了这件事情"**可操作，可启发**"，我会自己先思考做这件事情的逻辑，整理出一张标题优化思路表格（单品运营表格或主图调整工作表），让他可以按照这张表格的思路去完成，并且一定要能启发他知道怎么做接下来的工作，不仅仅是完成了一张表格。

"**可监督**"的意思是，即使再简单的事情，如果没有监督制度，开始几天可能会去完成，时间久了就慢慢地被遗忘。我属于灵感比较多的人，经常会突发奇想要去做某件事情，然后把公司的某个人叫过来让他去执行。但是，往往到后来，我都忘记了我曾经让他去做这个事情，等想起来问他的时候，他说我还没开始做呢，所以我公司的员工也习惯了我这个老板的天马行空，心想：我说的话听听就可以了。

所以，通过这张表格的制作，我学习了万达工作方法里的"项销表"，分配出去的每件事情，都要向相应责任人要一个完成时间，最晚什么时候做出来让他自己说，然后在表格里记录下来，这样到了完成时间我就可以记得去查看完成情况。

"**可呈现**"的理由，其实也是为了"**可监督**"。举例说明，如果我们工作内容写了，联系有好货达人推广商品，那这个事情就很难去监督。但是我们在工作表格里会要求，每天这个岗位的员工在完成联系有好货达人的工作时，要制作出一张联系表格，上面要有联系的达人 ID、沟通内容概要、下次跟进时间等；每天工作完成同步填写好表格，然后发到公司内部群里。这样店长就会很清楚地知道他的工作情况，并且可以根据沟通概要给出下一步工作建议。

所以为了可呈现，我们店铺每天有大大小小的十几个表格要去做，如延迟发货表、售后反馈表、缺货下架表、竞品学习表等。

此处以 3C 类目天猫店的部分日常工作表格，给大家做个参考，如下图所示。

工作频率	工作内容	分类	责任人	责任部门	完成时间	备注
日	生意参谋 实时催付宝	销售	孙意豪	客服	每隔两小时	订单蝴蝶效应
日	24小时未发货订单巡视	评分	孙意豪	客服	早上10点前	未发货表（延迟发货表格1）
月	财务报表	销售	会计	财务	每月10号	
周	行业词根表	数据分析	魏跃军	运营	周六	周上新产品表格（产品词根表2）
周	键盘膜热搜型号表	数据分析	陈璐	运营	周四	细分产品布局（键盘膜型号表3）
日	优惠券发放	crm	珠珠	运营	早上10点前	
周	售后反馈表	评分	孙意豪	客服	周一	提意见：产品、流程、服务（售后反馈4）
周	售后答复表	评分	孙意豪	客服	周三	
日	库存警戒表	评分	徐晓芳	仓储	晚上7点	（订货申请表5）
周	手淘首页装修和分类	销售	李磊	运营	周一	基于生意参谋的装修分析和分类分析，进行手淘首页微调
周	微信朋友圈	crm	张林	运营	中午11:30前	有趣内容
日	2次描述和5主图	销售	魏跃军、李磊、张林	运营	下午3点前	根据评价，客服意见，搜索关键词，每天调一个（竞品分析表后）
周	会员内购	销售	魏跃军	运营	周二	周一预热，周二周三活动，剩下时间收尾
日	每日售后表	评分	孙意豪	客服	晚上6点	售后问题交接 id 处理方式 建议（售后交接表7）
日	客服询单率排行榜	销售	孙意豪	客服	早上11点前	询单排行榜8）
周	颁布周询单奖	销售	孙意豪	客服	周五	
周	评价巡查与回复	评分	孙意豪	客服	周二	评价不好客户免费重拍，改追评（返现）
日	产品缺货上下架表格	综合	珠珠	仓库	中午11:30	珠珠负责，由珠珠来负责上下架（上下架产品表9）
日	物流异常处理	综合	珠珠	客服	中午12点前	主动去处理物流异常订单
周	直通车创意测图	销售	李磊	运营	周四	周四统一调整展现前10名产品直通车主图（主图档案库表10）
日	直通车出价调整	销售	魏跃军、李磊、张林	运营	11点30前	推广计划一标准推广一关键词列表一按展现量排序一前两页词出价维护
日	有好货联系	销售	张林	运营	中午12点前	当天的联系表格，回复内容（淘客和有好货联系11）
月	每月13号会员日	销售	珠珠	运营	12号	12号预热，13号活动
周	竞品学习分析表	数据分析	魏跃军	运营	中午12点前	三个竞争单品的数据，策略分析（竞品学习12）
周	店铺促销策略	销售	魏跃军	运营	周三	店铺整体促销策略的完善和微调
周	微淘1元竞拍	销售	李磊、魏跃军	运营	每日12点前	不卖的产品1元竞拍
日	淘宝客推广报名	销售	珠珠	运营	每日12点钱	淘宝客活动报名

首先，我们把每个工作事项分成每日、每周和每月，如每天限制完成时间在几点之前等，分完任务之后，可以在每个人的工牌或者桌子上直接注明他的固定工作内容。

其实很多的员工并不是不想努力工作，而是他在工作的时候太茫然，不知道自己有力气往哪里使劲，有了这个工作牌之后，他们至少会知道什么时候要做什么。

而我们店长，现在的工作也变得很简单轻松，只需要每天打开表格，去监督一下哪个员工在什么时间，什么工作有没有完成。我对于店长的要求，就是**严格执行，不留情面**，管理岗位的员工一个月三次没有完成相应的表格，取消当月奖金，其他岗位员工没按时完成表格，每次罚款 10 元。

当然，这个表格并没有什么完全版本，不同行业的工作重心不一样，这个表格的事项也会差别很大。最适合你公司的表格，一定是自己慢慢磨合出来的。举例说明，当我发现店铺缺货的商品 SKU，到货两天了竟然没人去上架销售，我立刻责怪的不是员工，而是我自己。然后，打开工作事项表里添加这个事项，分配责任部门和责任人，如果下次再出现同样的问题，我就可以名正言顺地"发泄"了。

到最后，我必须要说的是，虽然这个表格出来之后，会让你的淘宝店铺运营变得很简单，但是这个表格要制作出来，其实并不简单。你要想通过一张表格，能够帮助和启发自己员工的日常工作，首先你自己要对这个岗位非常熟悉和擅长。而每个公司老板的强项往往不同，你看我擅长的是淘宝搜索和数据，我就可以用表格来很好地引导运营员工成长，但是在产品和 CRM 上相对就比较弱。

曾经在 2015 年，我尝试邀请了几个各行业淘宝 TOP 卖家的老板在深圳一起闭关三天，希望借此机会让擅长不同强项的老板各自整理出自己的工作流程，从专家角度制定岗位规范来引导员工成长，八仙过海各显神通；但最后并不是很成功，因为很多老板自己会做但是不会总结归纳授人以"渔"。

因此这篇文字写出来，很想用来抛砖引玉，希望看过文章的掌柜可以做出补充：你觉得除了这些事情，哪些工作在淘宝天猫店的日常工作里需要做，很有用，并且能做出"可操作，可启发，可呈现，可监督"的表格。这个表格的事项越完善，淘宝的运营才会变得越简单。

问题

问题：你的店铺分工协作表格，做一张出来吧。

答案：

___

笔记

___

淘宝运营的"四四二法则"

通过对淘宝运营的思考，我将根据自己的实际经验，来解读"四四二法则"。为什么淘宝卖得最好的女装居然是小众的民族风？什么是定位成功？爆款意味着什么？文章中会逐一解答。

前段时间不停地有人问：代运营能不能找？我回答：好的很少，但如果一个代运营不谈定位和市场，只神化自己的运营技术，应果断放弃。

淘宝搜索有个说法：能进行搜索引擎优化，说明搜索本身不完善，随着搜索引擎的进步，能SEO的东西越来越少。同样道理，随着淘宝的成熟，网购市场已经越来越回归商业本身，需要的纯粹的淘宝运营技术其实越来越少。

也许在前几年，大家经验都不多，淘宝规则也不完善，运营甚至可以神化一些"垃圾"低价产品，传统行业那时进入电商先低头学运营。但是从2016年之后，我强烈地感受到：像我这样纯靠运营能力起步的小年轻们需要虚心地向传统行业学习真正的商业运作了。

在营销界，有个被广泛使用的"四四二法则"：直销大师艾德·梅尔（Ed Mayer）提出的成功 =40% 定位 +40% 产品和定价 +20% 营销。

经过了这么多年淘宝的历练，越来越觉得淘宝运营不再是简单的技术，更多的是对于市场的感悟和理解。

1．40% 的定位

运营做的第一件事，一定是重定位。这个和产品本身同样重要，为什么？有的时候我们发现，卖同样产品的卖家，有的买家评价产品好，有的买家评价产品不好。因为不同店铺的客户生态圈不一样，有的时候不是产品不好，而是没把它卖给对的人。

很多人觉得，产品一定是质量为王，产品质量一定要最好。但是 ZARA 成功地把一批质量一般的衣服卖给一群追求新鲜感的年轻人，一样做得很好。

说到定位，我们必须谈一下数据。现在的电商都知道数据的重要性，都知道数据的好处。但是有没有人思考一下，其实数据是有毒的。

现在的卖家很容易通过数据分析出哪些产品的受众最大，而把自己定位在某个最大淘宝群体的市场。最后很可能的结果是，大家都挤在一条独木桥上。呈现的就是现在的景象：全网的卖家都在做爆款。

网购和传统店铺有很多的不同，最显著的一条是：商圈容积。传统店铺营业额高的往往做大众共性的东西，因为一个店面只能辐射一个小商圈，容量有限。但是我们看 2015 年淘宝女装销售第一名竟然是民族风，很小众！这在线下几乎不可理解！这证明网购的商圈容积大得惊人，更惊人的是，它还远远没有被开发出来！

说说我自己的例子：本来我觉得做笔记本贴膜市场太小，后来我看中 iPhone 手机壳，进入后发现非常难做，然后就继续退回专心做自己的键盘膜。曾经一度我商城的销量和流量比 iPhone 手机壳销售最好的店铺都好，虽然 iPhone 手机壳的市场容量比我的大 100 倍。

太多的传统行业进电商都死在这一点，它们有太多的产品可以选择，所以它们不经过滤地都放到店铺来卖。

我有一个学生，是汕头卖毛衣的，工厂有 20 年的历史，很有实力。他找了专业团队给他做旗舰店，也舍得花钱，但是结果投入产出比很差。他的优势反而最终成了他的瓶颈。因为他的产品实力强，所以他的店里上了各种风格、各种年龄层次人穿的毛衣，完全没有考虑目标客户。或许他有几百万元资金，但是直接把自己简单粗暴地定位到某大类目，很可能是像扔到大海里的小石子，水花都没有。商圈容积大，同样竞争也更激烈。

后来，我给他的建议是：选一个小风格，这个店铺只上这一种。努力使你的店铺让目标客户趋之若鹜，不用理会非目标客户的嗤之以鼻。

我去参观了很多的淘宝店，发现现在能成功的店铺，几乎都是赤裸裸的产品和定位的成功，如大码女装、日本黑帮范儿、民族风等。我曾经以为，大店的运营都是超牛水准的，但是去了之后发现，根本没有！它们甚至在搜索、直通车、回购率等方面做的努力也非常少，技术很一般。但是因为定位好，回购率高，所以它们甚至每个月发几万条短信告诉老客户：节日快乐（每个月都有节日），然后订单就源源不断地来了。

比如我买了花笙记的衣服，很喜欢。所以下次需要买衣服的时候，我先去他家看看。如果实在没有，我才"懊恼"地使用淘宝搜索。这就是定位细分的好处。但是很多客户是初级的，懒得去用"复杂"的搜索引擎。

没定位的店铺是找流量，哪个产品的需求大，就卖那个产品。这方法开始很容易得到流量和销量，但越往后越难，不可避免地走进红海，外表光鲜内心痛苦，销售额大但不赚钱。找到定位的店铺是会以"客户"的心态去看流量，前期要抛弃很多流量，没建立自己的客户生态圈之前非常难，但越往后走可能反而越简单，因为你的客户在你这生活了。客户成了你产品的粉丝，甚至帮你宣传产品。

有很多人说我的产品定位高端。其实价格并不是定位的方向，而是定位的结果。定位是界定了使用你产品的某个特殊人群。只是因为这个人群喜欢用价格标榜身份，带来的结果是你的价格被迫高一点。

还有一个误区：**做成高端产品就一定好**。但 2012 年全球品牌价值第一的是可口可乐。另外，中国的最大市场不是高端，未来网购的增长点在二、三线城市。单纯卖货是个很枯燥的事情。而一个好的定位，就像是把卖货写成一个很让人心动的故事，让大家激情燃烧，而这个故事的完美结局很好预测，两个字：品牌。

那么，**如何检验自己的店铺有没有定位成功？**

答案是无爆款。大家去看知名的线下品牌在淘宝的店铺，往往没有特别突出的爆款。因为爆款往往是由于客户忠诚于某一个产品的性价比，这其实很危险。当每个产品都销售得不错时，说明客户真正爱上了这个店铺、这个品牌。

2．40% 的产品和定价

产品设计一直是我的弱项，我是 2009 年拿了 600 元钱一个人跑到数码配件批发市场开始做淘宝的，选择的东西都是市场常见的，没什么竞争力，做起来纯靠自己的运营能力。曾经还一度自信地认为什么产品我都能做。但是下面两个案例改变了我。

案例 1：

在南京某大码女装家做客，老板的一番话让我很受用："我是个偏执的人，如果要买的东西有缺陷，我宁可不买也不将就。所以我店铺做产品也这样。"她现在只有一个 C 店，月销售额估计 700 万元以上。在前几年，大家都因为搜索排序的引导去做低价爆款的时候，她家始终坚持做质量。前些年确实很难，但是坚持了几年之后，爆发了。我说这是"好产品最终战胜了营销和搜索"，淘宝最终一定会回归到市场，所以方向对了，总有一天会到达。我觉得她能成功，最重要的有两个原因：选了一个回购率高的行业定位；好产品帮她最近几年累积了大量的客户。

这个事情之后，我反思了很多。现在我要求自己和公司员工必须用自己的键盘膜。有主管告诉我，不想用。我告诉他，用得不舒服？那就想办法找出能让你舒服的产品！营销，只能解决客户的第一次，而产品本身才是市场的核心。接触了大量卖家，我还发现一个很有趣的情形：做传统行业的老板找我聊天，多会谈产品多好；而只做电商的人，往往聊某个运营很厉害。大家猜猜，未来，谁会活得更久？

案例 2：

南京大部分洗车店做事都很麻利，速度很快。有一次去一个洗车店，限定洗车时间不低于××分钟。上车前看到门下一脚垫，小伙子提醒：上车前擦一下脚底。我心里感到很温暖。洗完车后，车门打开发现一块毛巾在驾驶室脚底下，说："你毛巾掉车上了！"心里还暗想小伙子丢三落四。小伙子提醒说："上车之后再用干净毛巾擦一下脚底，就一点灰尘没有了！"我心里很感动！其实，他们大可不必管我上车之后的事情，只需要把一辆干净的车交给我就完成了整个销售过程，我上车之后脏不脏不关他的事。我感动，是因为他们的销售是真心地帮我解决了困难。

在这之后，我告诉自己：我以后做生意，一定是**90%的生意+10%的心意**。带给我的改变是：店铺每销售一张键盘膜，都会额外赠送一张普通的平板膜，而且在描述里不告诉他。当客户收到我们产品的时候，发货单上一定会有一段话：赠品通用膜，亲，换洗键盘膜的时候可以暂时用这个。

很赞同乔布斯的一句话：赚钱是企业行为的结果，而不是目的。心态若不同，产品也就会大大的不同。

关于定价，我以前发了一个微博：

一个患绝症的人遇到一个道士，道士给了他一颗仙丹，收了他9999元。后来他的病真好了。但背后的故事是：仙丹只是淀粉，只是因为这个人开始绝望，后来又有了希望，所以免疫力恢复，最后产生了奇迹，自愈了。所以这时候我们思考，这个产品的定价能不能从它自身的成分出发？9999元是太贵，还是太便宜？

虽然这是个杜撰的故事,但是很多化妆品都类似。只要你能让客户觉得她用了产品自己变得更漂亮了,那就是物超所值。需要为定价负责的是最终的效果,而不是成本。非常可惜的是,目前淘宝的低毛利不能支持大家去思考:怎么成为用淀粉救人命的道士。但是我相信,未来改变这个行业的人,一定会领跑下一个电商阶段。

从数据测试来看,尤其在非标品类目,价格和转化率往往不是简单的正比关系。有的时候,我无法从网上判断一件衣服质量和做工究竟如何,那我一般会买贵一些的(当然,我只能代表一部分人)。

不可否认,淘宝上大量的客户是喜欢低价爆款的,在没有个性化之前,我们看到的产品都是主流客户喜欢的。但是淘宝个性化之后,千人千面,品牌的客单价可能会影响看到你产品的人的身份。想想看,将你的产品群发给淘宝所有具有高消费能力的人,是一件多么有诱惑力的事情。

因为客户第一,所以未来的淘宝一定不会打击爆款。因为客户需求多样化,所以淘宝不会允许只有爆款这一个商业模式。这是个很有趣的机会和挑战!

3.20% 的营销

在做淘宝有点儿成绩之后,很多亲戚朋友找我,想让我教教他们。他们或许想知道的是淘宝运营的绝招。一般我都会建议他们别做淘宝,除非他们对这个行业有难以抑制的激情。不让他们做的原因是:别人做的行业看起来都很美,但实际上做淘宝赚钱的公司不多;做淘宝连假期都没有,上班却可能优哉游哉。

做淘宝其实没有绝招,不然我干吗还只坚守一个行业?淘宝运营的招数基本都是基于产品和市场,细节非常多。

我自己的店铺所处 3C 数码行业,我在搜索上投入了很大的精力,这是我新客户的主要入口,但是我去大码女装家建议它们搜索只投入部分精力,做 60 分就好。更多的精力放在老客户身边的新客户。在普遍回购率本身就很高的行业,老客户其实是更重要的销售重点,老客户身边的新客户其实比搜索的新客户可能更具有价值。我问他们老板：CRM 对你来讲，比搜索更重要，你有没有做一些努力去挖掘满意你衣服客户身边的新客户？ 运营回答说：推荐购买，返还 ×× 元！

我买了某淘品牌男装，发微博，主持人朱丹评论说：很有品味！ 这时候我会觉得推荐给朋友这家店很有成就感。 有的时候，客户不是不愿意去分享，而是没有想起来。但是，客户其实很忌讳为了钱推荐给朋友东西（除非诱惑足够大），而愿意为了得到朋友的赞同和认可去推荐。

但并没有一个放之四海而皆准的淘宝运营手册，不同行业、不同产品、不同定位，这里面都会有很大的不同。

如果要寻找新客户，你先要知道你最有效的新客户入口是在哪里，是搜索、淘客、回购、直通车、类目还是其他？ 如果让我给运营建议，应先把所有的常规入口都做到 60 分，然后把主要精力放在最适合自己的一点。淘宝的流量会越来越碎片化，如果是大公司，建议所有常规流量入口设置专人，考核 ROI。如果是个人，选择对于自己来讲，精力投入产出比更高的一点来主做。曾经看过一本关于品牌建设的书，书中说好品牌一定不是哪里都好，而是有一点特别好，淘宝运营也是这样。

问题

问题 1：“四四二法则”主要包括哪些？

答案：

___

问题 2：你知道最有效的新客户入口在哪里吗？

答案：

___

笔记

淘宝运营问答收录

问：那天贾真老师提到新品用老客户做销量，4 ~ 7 天就可以做到首页，是老客户直接进宝贝链接下单还是以搜索关键词的方式下单？老客户通过关键词搜索进店和通过后台（已买到的宝贝）进店，哪个权重高？另外，销量跟增幅如何控制比较合适？比方说是 1、2、4、8、16（每天的单量）这种高增长率低销量的方式还是 20、25、30、35、40 这种高销量低增长率的方式？

答：一般最好的方式是通过让老客户手机搜索"品牌词＋主词"的方式，原因有三个：一是成交词有额外权重；二是品牌词搜索能提高品牌权重；三是手机端销量提高手机排序。所以通过微信管理老客户是最好的，因为微信是手机登录。至于增速，不用太刻意，增速越大，排名提升越快，看你的目的。

问：多个 SKU，价格差别很大，搜索排序的话，低的那个 SKU 价格是不是对搜索排序有影响呢？

答：我们目前测试是这样的，SKU 价格跨度大展现量会有波动。不建议。

问：我现在有一款宝贝，做到第一页，搜索流量非常少，图片和爆款的一样，都是明星同款，对手每天销量过 50 件，我的销量大概也就是 10 件，月销量在 300 笔左右。排名上去了，流量还是没有，大概在哪些方面需要改进？

答：通过江湖策找出产品的展现量、转化率，计算出 PC 点击率。然后通过数据魔方找出对手的同样数据，做对比找原因。

问：搜索"新疆坚果"为何只出来一个宝贝？而搜索"新疆特产坚果"出来一万多个宝贝？

答：我试了下，确实只有一个宝贝，但我们看到"新疆坚果"这个词新疆并没有描红，说明新疆坚果里的新疆匹配的不是标题，而是类目属性之类。你帮我找找看，这两个词结果里类目属性有没有什么不同？

问：如何观察行业的变化？比如通过哪些数据或者软件看？

答：推荐采用官方数据、数据魔方看行业和竞品，生意参谋看店铺整体，江湖策看单个宝贝。

问：无线端的搜索排名优化应该从哪几个方面入手？无线端的搜索排名有没有新的规则出来？

答：无线端的排名和综合搜索类似，也有下架时间的权重。不同点主要是销量计算会额外加权单个版本无线 APP 的权重，所以做无线除了 PC 方法，要想办法提高无线销量，还要找出你自己主营产品的无线个性化的价格分布。

问：看到一篇文章，说价格打折宝贝的权重也会打折，价格打 5 折权重也会打 5 折吗？

答：其实淘宝计算的不是销量，而是销量贡献。即使是同样的销售额，销量贡献也不同，淘宝会根据客户在全网的行为去计算单个销量的贡献，搜索一直在模拟和抓取真实客户行为来判断，比如货比三家就比直接购买销量贡献大。

问：淘宝是同等级别的宝贝在比权重高低，还是在和所有宝贝比？是不是 1 心的对手是 1 心，1 钻的对手是 1 钻？

答：这个我自己正做一款查搜索排名的工具在研究，个人觉得应该会有，等我有具体结果再公布。不过淘宝对于新店是有扶持的，信誉高的店铺在搜索时不一定有优势。

问：有个问题咨询一下，比如我现在来了一个流量，他要买我的手机壳，然后我给他推荐了屏幕膜最后成交了，这样算下来我的转化率是百分之百还是百分之二百？

答：亲，转化率是计算来 100 个人有多少人下单，和下单多少件没关系。

最近有不少商家反映关于排名不稳定的问题：

（1）宝贝人气排序在前几页，可是综合排序找不到，大概有哪些方面的原因？

（2）人气排名为什么今天在十几页，明天就前 100 页也找不到了？跟产品竞争有关系吗？还是有其他原因？（我问了这个提问者是用软件找的还是人工，他说人工查找，而且身边的朋友也遇到同样问题，人气排名极不稳定。据他自己观察，在下架当天，人气排名很高，在 11 页左右，下架后人气排名就在 49 页。）

（3）我的一个宝贝，人气排名前 30，销量也是前 30，但是在综合排名里却找不到，按销量排名也找不到，是不是给屏蔽了？

（4）一款宝贝按销量排名第二名（有几万笔的销量），综合排名却找不到，大概是什么原因？

（5）同一个关键词自然搜索，按销量排序的宝贝数有时候会比按综合排序的宝贝数少，这消失了的宝贝数，大概是什么原因导致的呢？

答：亲，我不解答你的问题，给你一张我们公司的产品监控表格，然后说一句话，看排名不科学，监控展现量。

产品	下架时间		展现量	点击率	单品转化率
		3.27（五）	24540	1.89%	3.54%
	周四 22:17	3.28（六）	23653	1.75%	3.50%
		3.29（七）	27636	1.52%	3.13%
		3.30（一）	56447	1.15%	2.69%
		3.31（二）	72281	0.93%	3%
		4.01（三）	0	0%	1.60%
	活动开始	4.02（四）	18256	1.54%	5.07%
		4.03（五）	5150	1.94%	4.89%
		4.04（六）	11164	1.79%	2.29%
		4.05（日）	26670	1.26%	3.16%
		4.06（一）	29742	1.40%	2.75%
		4.07（二）	40405	0.97%	3.08%
		4.08（三）	50428	0.71%	2.97%
		4.09（四）	15370	1.38%	2.76%
		4.10（五）	13784	1.27%	3.59%
		4.11（六）	9606	1.57%	3.05%
		4.12（七）	9971	1.79%	2.59%

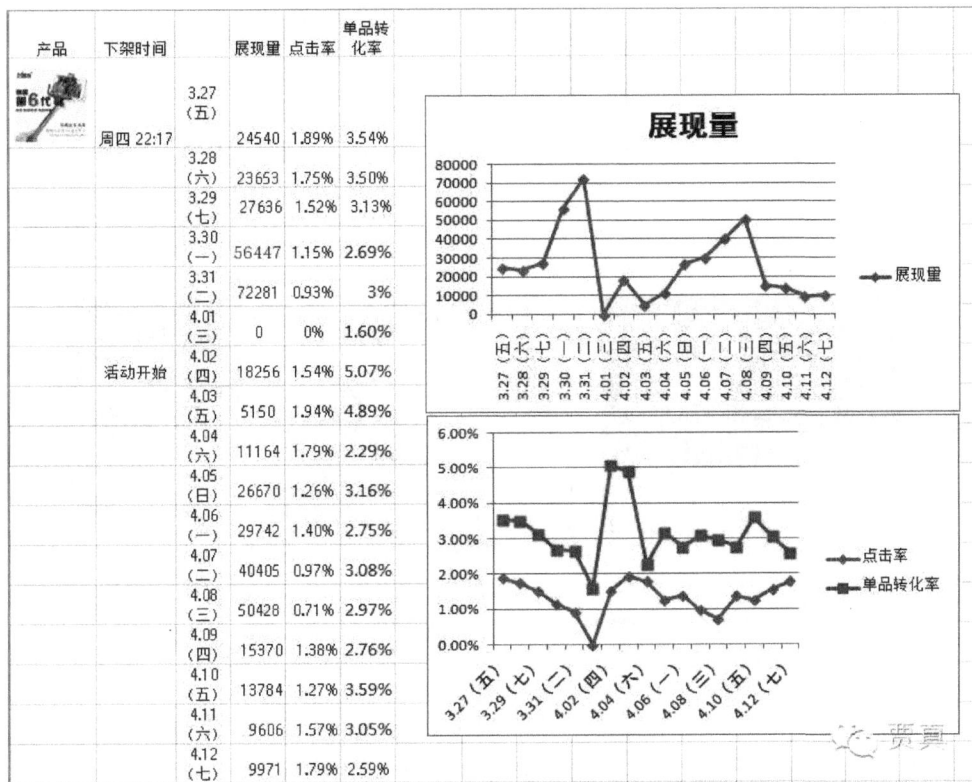

问：数据魔方里面，手机自照神器，排名和成交数据非常靠前，行业词里指数排第 35 位。但是搜索出来的结果是，没有人用这个词，那自照这个词，如果我们做标题用了，会有效果吗？这样的情况是怎么出现的？

答：你试试看。如果淘宝搜索认为这个是专有名词，你瞬间就能排进豆腐块。如果认为可以拆分，那就没什么用，标题只要有自拍和拍照的都一样。

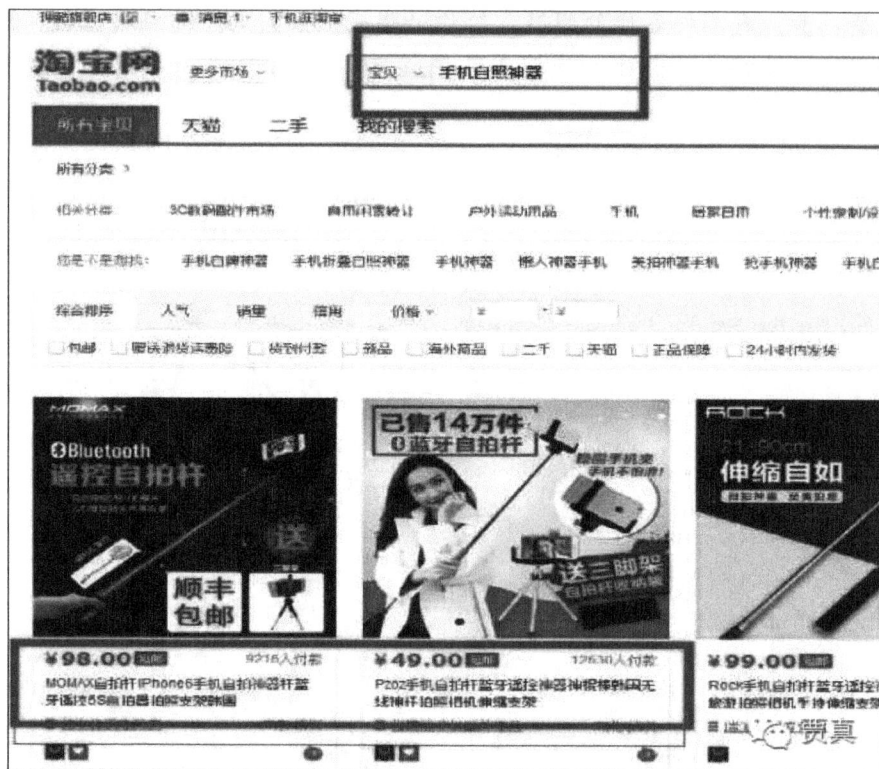

问：直通车出价高还没展现。（是不是词有问题？）词没问题啊，精准词，展现指数没问题啊。不晓得是不是我质量分太低出价才这么厉害。

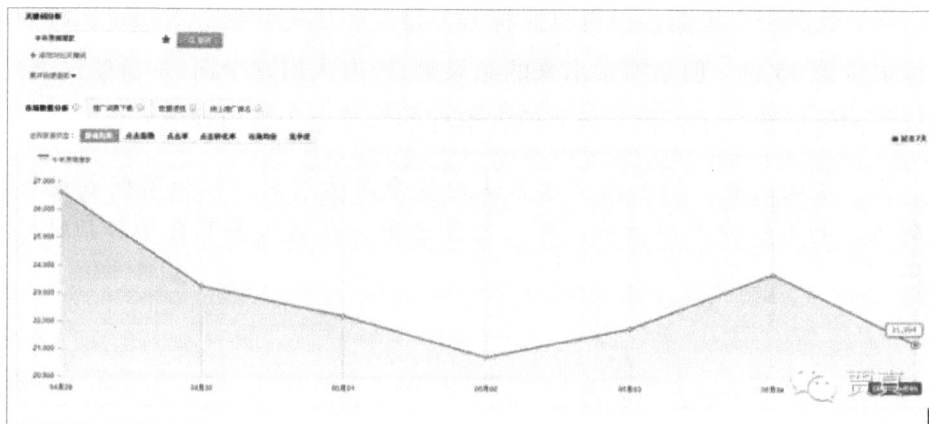

序号	关键词	搜索人气	搜索指数	占比	点击指数	商城点击占比	点击率	当前宝贝数	转化率	直通车
1	春夏薄款中年男裤	1,618	2,417	35.83%	1,031	4.21%	41.92%	11,589		0
2	中年男裤薄款	672	972	14.13%	1,053	28.75%	108.59%	27,582	12.25%	4.11

答：亲，大家都知道我擅长的是搜索啊，你这是刁难我……

你为啥做淘宝不赚钱

我做淘宝的时间比较久，2008 年 9 月份左右开始做，当时大家都在说网店成本低，所以价格可以很低，我上来也就是打价格战（愧疚，不应该这样）。

把网店地址设在批发市场旁边，尽量不备库存，拿样品拍照，卖出去了再上批发市场拿货；心想，只要低进高出，哪怕一个东西只赚 1 元钱，也一定不会有问题，少赚点儿谋求快速发展。

以这种思路，我的 C 店当时发展很快，1 年两皇冠，2 年五皇冠。公司规模也在快速扩张，很快请了将近 20 个员工。但是突然有一天，我的店铺因为延迟发货扣 3 分，累积 12 分到节点被封店。销售停滞现金流一断，我发现竟然欠了供货商将近 20 万元货款，而自己仓库里的货加起来也不过 10 万元多点儿。

钱拿不出来，供货商就不再给我供货，排队在我公司门口要钱，那一段时间真的是我人生最黑暗的时期。跑到网吧，不敢去公司，沮丧了好几天后，觉得男人不管什么困难都应该勇敢面对，后来自己主动上门，找那些还支持我的供货商谈心，找到问题所在：

（1）账目混乱。发展的过程中，因为毛利率低，所以为了节省员工方面的开支，就一直在财务方面没有请专职的会计。这个供货商和我说，你家曾经有一次同一个账单连续给我付款了两次，5000 多元钱，我发现了退回给你们了。你在我这边出现这个问题，难保在别人那里不出现类似的问题，包括你所有的对账、快递、物料和供货商一定也会因为混乱让别人钻了漏洞。

（2）出入库流程。刚开始我自己去拿货问题还不大，我都会点一下数量；后来随着我们的发货量越来越大，订完货之后，供货商给我们送上门。我们公司的签收入库就是谁有空，谁签个字，也不点数量。可能刚开始，供货商不小心给我们少送了几个，但是它们发现我们根本就没发现，慢慢地就习惯性地给我们家送货不够数量。就好像你天天把肉放在狼狗面前，它很少能忍住不吃。网店的毛利率本来就低，别人少送给你，你还要全部结账，你的亏损很可能长期都出现在这里，第一年全帮供货商赚钱了了，同样，如果你出库发货流程不规范，肯定也会出现类似问题，你给别人发少了，别人会来找你，但是你给客户发多了，可能很多客户就会默默地收下这个"大礼包"。

（3）毛利率不清晰。产品定价都随便定，加之又没有会计给我们做月利润表，所以脑子里认为只要低进高出就是赚钱，而没有考虑到我们的直通车费用、淘客佣金、人工、房租水电在成本里的平摊。也许你认为直通车可以按照产品售价 10% 去投放，但是可能实际上去掉这些费用的平摊你连

10%的利润都赚不出来，所以你这样去投放本身就是个长期的亏本行为（更有些草根掌柜，认为一个东西进货50元，卖100元，就是50元利润，实际上如果像服装这种不能售罄的产品，把正常的断码积压算在成本里，可能你连10元钱利润都没有）。

（4）进货价高。供货商说"你看别人夫妻两个开的店，动不动就和我们谈进价能不能再低点儿。你们这帮小年轻做网店，做事情心很粗，就不知道过段时间问问成本能不能降下来。你可知道，进货价如果降低1元钱，你每个月可能会增加几千元的纯利润，够开一个人工资了。"

（5）公司人效。"确实你们公司发展很快，但是我看别人销售额和你差不多，根本就用不了这么多人。不是你忙不过来就一定要增加人手，有没有思考是你们目前工作不系统不规范，所以效率低才是最大的问题。"

（6）库存积压。看看我们仓库里压了多少货，处理都处理不掉。当年我看市面上都做一个产品做成爆款了，所以我也打算跟进。去进货本来打算拿5000个回来，厂家和我说如果一次性拿3万个，每个再便宜1元。我当时心里一想，哇，如果3万个卖掉，相当于多赚了3万元。但是实际情况是，我这批货一共卖了4000个出去，剩下26000个至今还压在仓库里，这么一算反而亏了不少钱。

这次聊完天之后，我惊出一身冷汗。发现类似我这种草根创业者只关注销售额，而不关注节流，做出来的公司别人看起来很好，但是实际上可能不仅赚不到钱，还是亏钱的。

想办法和朋友借了10万元钱，承诺朋友：如果在一年内还不了钱，我就把公司关掉，来你公司上班用工资还钱。拿到钱后，我先去还了部分供货商的货款让它们正常给货，保证销售；接下来马上去招聘了一个专职的会计给我们做账；最后把出入库流程用ERP软件去规范签收和出库，明确人员分工，提高人效；并且为了填补之前的坑，要求大家更加努力地工作。

因为自己的运营能力还不错，再加上找出了问题的症结，所以大概半年左右就还了朋友的 10 万元钱，把供货商的漏洞也填补了，直到现在公司成为类目 TOP10 卖家，再也没有出现类似的波折。总体来说，什么员工都可以省，会计这个岗位真的不能马虎啊。

最后，有个问题听听大家的建议：就是现在我公司员工基本稳定，更有三个员工从我创业开始跟着到现在，包括那次我亏 20 万元供货商上门排队要钱，他们都没有离开；所以从前年开始，我主动提出给他们利润分红。

前几天他们找我说，分红要合理，也要考虑公司的成长。比如公司的销售额在增加，那么库存和应收账款也会相应增加；如果每季度按照利润把钱打到他们账户，可能出现一个问题，就是作为老板的我其实拿到的现金反而很少，都滚到货款和库存里了，这应该怎么解决？

❚ 问题

问题 1：你目前公司的销售毛利率计算合理吗？员工、办公、库存损耗、付费推广都计算进去了吗？

答案：

问题 2：对于入库流程，你怎么控制入库数量准确，有没有复核？对于出库流程，你有几次出库审核来保证出库准确率？

答案：

问题 3：在公司的成本控制上，从采购进价、包装成本、快递成本到员工效率方面，你做出了什么样的努力？

答案：

复盘 "双十一" ——你大爷还是你大爷

每年一度的 "电商高考"，已经落幕。

从全局来看

官方公布的各个类目的销售 TOP 榜单里，纯粹的淘品牌几乎全军覆没，取而代之的都是耳熟能详的线下品牌。印证了不管是线下还是电商，核心仍然是产品，而不是什么打爆款运营技巧。

当然，这里面的产品说的不仅是产品的品质，而是包含供应链、库存控制品类布局和多年下来累积的对于产品细节把控等一系列的东西，这些并不是一个淘品牌短时间能具备的。

你看，优衣库多么冷静，"双十一" 准备的库存卖空就全下架，宁可少赚点儿也不要留一仓库的货，就这一点几个淘品牌能做到。

以前，我们大家都在说：电商的发展，抢了很多线下品牌的生意；而现在，我们清醒地看到，线下品牌已经把多年来淘品牌打下的江山给夺回去了。

对于我们这帮纯线上起步的电商人，之前还在沾沾自喜这是我们的天下，我们懂数据，我们会运营；但 2016 年的 "双十一" "电商高考" 让我们看到 "睡醒的狮子"，不管是电商还是门店，销售的核心实力靠的并不是技巧，一通百通。

或许，线下品牌和淘品牌从网上的店铺看起来差别不大，甚至淘品牌还有优势；但是把后端暴露出来，从研发、设计、生产、供应链等方方面面去比较就会发现，你大爷还是你大爷。

纯电商人就像以前的土八路，或许打游击战能够得到些"城池"；但是如果得到"城池"的淘品牌思考的不是怎么改编成正规军，还是想着到处打游击，那就永远得不到天下。

淘品牌销售增长之后，假若思考的还是模仿别人，找小工厂代工再做出一个爆款，而不去考虑品牌定位建设、供应链整合、设计研发，那么可能很快就会退出电商的舞台。

从贾真店来看

我们自己的天猫店近期从生意参谋数据上来看，在 3C 类目能够到 30 名左右，在网络设备类目最好可以到 TOP5，这样的一个店铺其实对于"双十一"是很有期待的，想大赚一笔。

但是 2016 年"双十一"的销售让我们很失望，一度销售额连前 100 都没进去。一方面有我们自己的主观原因，出现不少失误，月销量 5 万的爆款因为最低价的原因，没有去打标；另外是付费推广的策略在"双十一"之前没有规划好，会场素材也没有提交。

更多的是客观原因。我们发现"双十一"当天的流量非常疲软，便对付费推广加大力度，但是一直到下午都没有超过前一天的流量。当然，我们销售额比平日有明显增加，大概涨了 5 倍，但是都是基于商品转化率在"双十一"提高了 5 倍左右。

从我们店来猜测，大概是 N 届"双十一"之后，购物狂欢节的事件营销对于促进整个阿里平台的新客户增长方面已经没有太大潜力；而目前的"双十一"主要靠营造一种低价抢购的氛围，来让现有的客户非理性地购物，从最大化提高转化率的角度来做销售额。

因为新客户的增长乏力，所以我们看到 2016 年"双十一"的销售额增长比以前有所放缓；而我们由此也可以理解，为什么每年"双十一"高单价的家具电器行业大放异彩，因为这些行业和数码配件相比转化率非常低，而"双十一"的氛围正好解决了它们这个最大的问题。

从未来来看

复盘，如果现在再给你一个"双十一"，有什么事情你很后悔没做？

（1）要拿出更多的精力放在产品上，不是说说而已。对于小公司，要销售的产品自己采购回来必须先体验；对于中型公司，暂时可以和线下知名品牌合作销售。后端跟不上，上来就想着做自有品牌，战线太长，现在越来越难。

（2）店铺粉丝越来越重要，大促前一个月，重点做粉丝关注活动，一旦大促流量疲软，这个会是主要的战场。

（3）大促前两周，要去释放老客户的销量。为什么要前两周？因为要留一周给客户确认收货，来提升大促当天搜索排名。另外，释放的销量尽量给高单价商品。

（4）前一周确认"双十一"前、中、后的整店促销方案。前面为了快速付款，为了赛马，中间促销想办法让客户买更多，最后的促销为了催付。

（5）备货，不贪心，只赚自己能赚到的钱。

（6）确认"双十一"当天的付费推广策略，如直通车、钻展定向、淘宝客活动，该提前投放就提前投放，"双十一"转化高，付费值得投入。

淘宝运营怎样做才能不仅仅是个"打杂儿"的

几次出去开会，遇到一些电商的同行，问他们在某某店做什么工作，他们会笑笑说"打杂儿的"。当然，我知道这么说话的人一般会是公司的老板，或者至少是运营总监级别的，"把低调当成最好的炫耀"。但是我想说的是，可能很多公司的运营，在公司里的实际贡献也就真的仅仅是个打杂儿的。

举例来说，如果你在每天上班前不能清楚地知道自己今天要做什么事情，只是到了公司翻看下前一天的数据、对手的情况，然后处理一些突发事件，那么你觉得这些工作就是在"运营"吗？

可能，有读者看到这里会觉得，不至于吧，一般大公司的运营做事情应该是非常规范了。但是，我告诉大家，我在做电商企业内训的时候，都会提前让他们把主要岗位每天的工作内容整理出来给我看，结果是，绝大多数公司的运营让我看到他的工作都是翻看数据，处理突发事件。那么这样的运营就仅仅是个打杂儿的，而没有承担起运营更重要的"营销"工作。

那么淘宝店运营到底怎么做，才能不仅仅是个打杂儿的呢？

我们一起整理下思路，要想不成为"打杂"的，那么作为运营一定要有自己的工作节奏，至少每周要做的事情应该系统有规律；然后带领整个运营团队有效工作，让团队每个人都知道自己在什么时间要做什么事情。

而整个淘宝店大家公认的最核心的东西一定是围绕产品，那么我们可以得出结论，作为一个运营要围绕着产品去周期性地做点儿事情。把这句话再简化一下就是：运营的节奏应该是周上新。

周上新的计划如何制订

当然，我们说运营的节奏是周上新，并不是仅仅为了完成任务，要围绕着客户来做，而且在上新选择时尽量要考虑到产品的"创新"。

"创新"大家都在谈，甚至成了很多公司的口号，按照字面翻译，可以理解成创造出新的东西。但创新说起来简单，做起来何其难。有的创新可能只需要捅破一层禁锢，可是就这么一层窗户纸一样薄的禁锢却是人思维的死角，需要很多年才能被打开。

创新可能源自天马行空的思维，无法被流程化。而今天我们谈的是"后发式创新"，结合着我做淘宝3C类目多年的经验和大家分享，为什么我们总能在第一时间切入到淘宝创新性的新产品领域。

电商和传统商业的一个区别是数据收集难易度。传统行业，等你收集齐了消费者数据，再加以分析得出结论可能过了几个月，这个数据的时效性和价值就大打折扣。

而电商行业目前最大的优势就是，前24个小时全国消费者在这个行业的需求都可以通过关键词的搜索清晰地反馈过来，当数据反馈这么及时，我们再谈创新的时候就可以不必走在客户前面，只要能在第一时间跟上客户，走在其他商家前面就可以了。

我自己店铺的方法，是把数据表格化、产品化，在每周一开会前让店长把3C类目最近7天用户的搜索词转变成产品，然后和店铺现有的产品进行比对，接下来把表格里我们店铺已经上架的产品标红，剩下的没有标红的商品词就是消费者最近7天很想要，而我们店还没有的产品。

表格制作方法：打开生意参谋市场行情里的行业热词榜，在行业最大类目下进行搜索，然后把得到的500个关键词进行拆分，产品词写在第一列，产品的属性词写在后面对应的行列里，最后这个表格里的每个词结合产品词其实都代表一个具体产品，比如"OPPP R9 女款 手机壳"。

产品词单列，属性词补充，最后做出的表格每个格子里都应该是具体产品。

接下来，店长就可以根据这张表格，结合自己公司的供应链情况制订这一周的上新计划，然后接下来的每一天他都要忙忙碌碌。

谈"后发式创新"的流程

创新无法流程化，但是后发式创新可以。我们店铺制定的后发式创新的流程会分为以下几步：**周比对→自体验→少采购→再升级**。

周比对的意思是，如果我们的店长或者运营总监每周一都做出这个表格，那么他会对整个类目的市场特别敏感，这张表格就像天气预报一样，会预测出整个类目产品的走向。当他发现表格里出现了几个之前从来没有出现的产品或者属性词，那么就说明这个产品是新的，他的工作就是应对客户需求做后发式的上新。

自体验的必要性，依据是当年我们做自拍杆很成功，淘宝的第一批自拍杆爆款是我们做的，发现自拍杆就源自我们的数据周对比；而同时我们发现手机鱼眼摄像头数据也在暴增，但是我们购买回来自己体验后，发现这产品就是个噱头，根本不实用，所以，即使数据再好，我们也不做。果然，这个产品到现在也没有真正地火起来。

少采购源自我的一次失败教训。当年做一款爆款手机壳，本来要进货5000 个，厂家和我说，如果能一次性进货 3 万个，进货价格一个可以降 1 元钱。我心里算了一笔账，如果一个便宜 1 元，3 万个可以省下来 30000 元钱，合算。可最后，这些手机壳我一共卖出去 5000 个，剩下的 2 万多个当垃圾处理了，亏死。所以，现在我开始做新品进货的时候，不会过分在乎价格，先卖起来，如果量少，少赚几元钱也没关系。如果一旦打爆了，有量之后厂家会主动找你谈价格。

再升级，这里我们说是"降维攻击"，如果我们做出来的新品成为爆款，那么接下来就要做好被模仿和打价格战的准备，这是不可躲避的。而这时候唯一能够在这条路上走下去的可能，是提供差异化的产品。如果这个产品我们认定有前途，哪怕一个再小的单品，我们也会集中公司的资金、人力去围绕这个产品做再升级。你本来就不是个大公司，如果做的产品和大公司竞争可能会比较处于劣势；但是如果你这个产品，要竞争的也是和你差不多的淘宝店，那么你集中火力在一个小东西上，做降维攻击，就比较有胜算。

"周上新"的弊端——对内消耗

可能有读者听到这里，会有点儿疑惑，如果坚持周上新，那么店铺的产品数量会很多，如果一旦产生滞销，那么滞销率对于店铺是不是会有很大的负面影响？

这个我之前说过几次，绝大多数于淘宝搜索排序的权重都是 0 或 1 的影响，也就是说不达标百分之百影响，达标之后完全没影响，不存在做得越好加分越多的情况。而且很多的数据达标值非常低，只要是正常经营完全没问题。

比如旺旺在线时间大概是 6 小时达标，只是平台为了提升客户体验，把那些不能很好服务的兼职卖家过滤掉，正常经营的职业卖家不太可能达不到这个时间，而你在线 12 小时和在线 7 小时对于搜索加权来说是一样的。

所以，滞销率大家基本可以不考虑，而真正给上新带来影响的是我们谈过很多次的**打散原则：同一个关键词下一个店铺只展示两个产品**，换句话说，如果你店铺里的同类商品很多，你第一个要考虑的并不是怎么打败对手，而是减少产品的内部消耗。

避免产品内耗的方法，是尽量从两个方面把相同细分类目的产品错位：一是标题关键词，每个产品尽量做不同的客户定位，一个产品专注于一个客户群，具体方法之前谈过：主要是淘宝运营技巧和单品运营表格；二是下架时间，店铺做多个下架时间计划，相同细分类目产品尽量错开下架时间。

综上所述，真正合格的淘宝运营并不是单纯互联网技术层面，而应该是基于行业消费者需求的了解，上升到产品层面，然后基于产品的层面去思考"营销"和策划，所以史玉柱要求他的产品经理定期要完成 30 个客户的回访任务。而我们做电商行业的可以更方便地用一张表格窥视到整个行业的"洞天"。

我不能保证这张表格让你学会运营，但基于准确及时的消费者需求做出来的表格，至少能够保证你在淘宝运营这条路上走对方向。

问题：一周行业需求透视表格，做一下试试。

答案：

_____

_____

淘宝天猫店，年后开工如何做规划

2015 年和其他淘宝企业合作的时候，对方总会向我要一份年度规划，就是想让我告诉他，我未来一年打算怎么去做他的天猫店铺。

但是我很不擅长做这个，个人认为我自己是属于思维发散型的经营者，优点是总是能从不同的角度去解决问题，缺点是不爱在框框里做事情，甚至我会对做计划或做规划这个事怀有"敌意"。

我问他：为什么要一个规划？

他说：就像别的大企业一样，有个销售目标、年度目标、季度目标，然后再分解需要多少流量、多少推广，到每周、每月，甚至每天，这样我们公司就可以按照这个目标去努力。

我继续问：那么如果有一天，我们做了自己能做的所有工作，但是这个目标你达不到怎么办？

他说：那么我们可以补单，补到相应的销售额。

我问：还有其他方法吗？

他沉默。

我继续说：既然最终只要完不成计划，就要补单，那么我们不如就不走这个形式，把所有精力都放到补单上，不是更直接？

《谷歌是如何运营的》这本书的第二章讲战略，标题是《**你的计划是错误的**》，文中写道：我们敢百分之百打包票，如果你有一个 MBA 式的计划，而且按照计划坚决地执行下去，那么最终结果一定是"实现失败"。

就好像，科学可以弄明白每个细胞的工作原理，但是无法创造出一个像人类这样的智慧生物，因为除了单个细胞的工作，细胞和细胞的协作复杂上万倍。同样道理，即使你计划想得再周密，也可能因为其中的一点儿疏忽，或者外界原因的参与，导致后面全盘皆错，这也是为什么谷歌说计划一定是实现失败。

几乎没有一个成功案例，是按照计划一步一步达到成功的，**成功和失败都来源于变化而非计划**。

谷歌认为所有的成功计划来源于"**技术洞见**"：用技术去满足用户尚未**意识到的需求**。而做计划的方向，也是去用技术实现产品能满足未来的需求，而不是一些营销的噱头。

好像乔布斯也说过类似的话，他对满足用户现有需求嗤之以鼻，因为他认为用户不能确切知道他们需要什么。

就好像，在 iPhone 出来之前，他们从来不知道自己需要一个全屏触摸的手机；就好像，如果你在没有汽车的时代问人们，你们需要什么，他们一定会告诉你，他们需要更快的马。

有点儿啰唆，回到主题，就是天猫店要不要做计划，怎么做？

既然"变化"比计划对发展更有益，那么我不建议淘宝天猫企业上来就做个年度计划，浪费时间去琢磨自己一年要走的路。

如果淘宝天猫企业非要做年度计划，我们觉得更多的要基于平台资源去考虑，比如年度的各种大型促销活动的报名、备货、产品和促销预热等，也就是说知道在什么时候要做什么事情，去做一下准备。

2017年女装营销大图				标红色的为横向大活动; 标黄色的为女装主推活动; 活动最终以实际为准											
2017天猫女装营销节奏															
时间轴	心智	策略	抓手	Q1			Q2			Q3			Q4		
				1月	2月	3月	4月	5月	6月	7月	8月	9月	10月	11月	12月
平台大活动				年货节	三八大王节/春夏季新风尚				617大		武季新风尚			双十一	12.12
行业大活动							裙装节	闺蜜节		少女时代		大牌店庆周			折扣季
商品周期	上新	尖货&品质	预发新品数 / 各资源位、内容运营预售	天猫焕新1.1	天猫焕新2.1	天猫焕新3.1	天猫焕新4.1	天猫焕新5.1	天猫焕新6.1	天猫焕新7.1	天猫焕新8.1	冬上新	天猫焕新10.1(重点商场同款)		天猫焕新12.1
	清仓	低价&折扣	尾货清仓 / 淘系内的清仓整合资源包和合作模式	品牌清仓1月下旬	品牌清仓2.20	品牌清仓3.20	417	品牌清仓5.20	年中促	奥特莱斯		品牌清仓9.20		品牌清仓11.20	双十二折扣季
	重点品类	品类丰富性	销量主力 / 主推单一品类的活动	春季品类			连衣裙	t恤节				秋冬品类	毛呢大衣、外套		冬季品类
人群营销		时尚&品质	潮流引领者&品质用户 / 消费引领,培养,激发款		2月下旬人群营销活动	潮流引领者	天猫男人节	5.20潮趣组	6月下旬人群营销活动	少女潮	潮流引领者	9月下旬人群营销活动	潮流盛典	品质用户	潮流引领者
节日营销		节日	消费刚需 / 组合型品类,满足特定节日的消费者需求	春节	情人节	38女王节	五一出游季	母亲节	童趣节	七夕		国庆节-逛商场不逛天猫			双旦
商圈营销		品类丰富性	百花齐放 / 挖掘各类商圈特色和价值	款女商圈;超级会员日--与一淘根索合作性线上线下会员联动提升品质用户服务及权益体验的活动每月一次	IP潮宠X货氛合选集	轻奢带你解读17年春夏趋势	快时尚时装秀-国际商圈日系春夏流解读	母亲节-中老年熟女商圈	童趣节-淘品牌商圈	大牌折扣季--少淑商圈	潮流音乐节	日系秋冬风格解读感知吸引风向量IM轻奢单品	冬季品类		黑五&cyber Monday--国际商圈
单品营销			队 新风尚												

当然，做计划并非一无是处，对于公司的团队来说，这是共同的方向，对团队协作有帮助。既然未来一直是在变化的，而且是相互作用的，那么我个人认为计划的周期不应该太长，最好不超过一个月。

在做月度规划这件事情上，我自己的基本思路是"**先加后减**"，先要根据类目的支类目销售情况，再结合着自己的供应链情况，画出自己经营的产品矩阵图，这个过程是**做加法**，把市场上卖得好的类目及其单品都添加进来。

下图的子类目，是默认按照成交金额排序。我们做市场，关注的不仅是销售额，还有竞争，所以我们可以用支付金额占比除以卖家数占比，得出一个**竞争相对值**。

子行业交易排行			
行业名称	支付金额较父类目占比 ⇕	支付金额较上一周期 ⇕	卖家数占比 ⇕
普通路由器	75.94%	↓30.32%	80.55%
3G/4G无线路由器	10.23%	↓35.86%	23.36%
中继器/扩展器	7.46%	↓3.66%	17.37%
随身wifi	2.55%	↓39.67%	17.43%
智能路由器	1.97%	↓27.71%	16.52%

< **1** 2 下一页 > 共2页

（图片来源：生意参谋市场行情——行业大盘）

这个数值越大意味着市场竞争越小，也就是说我们要知道在我们淘宝店的主营类目里，哪些细分类目值得我们做。

得到类目矩阵后，我们基于搜索关键词可以细分到具体产品，然后得到下图。举例说明：在同样是路由器的搜索关键词里，我们能够看到不同的产品，家用的、企业用的、5g 路由器和工程路由器等。

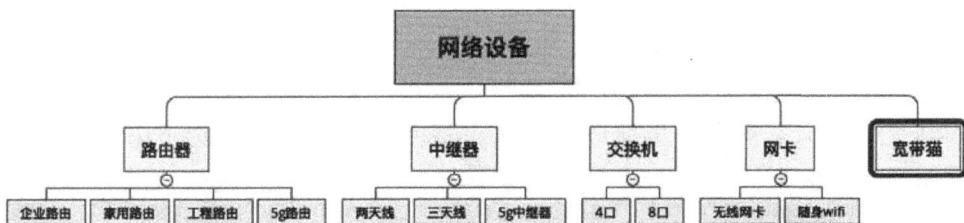

也就是说，即使你只经营单一类目，也可以做加法，罗列出这个单一产品线的所有不同需求，就像上图里的路由器单类目下也可以细分一样。

做完"加法"之后，回到我们反复说的搜索**"打散原则"：一个搜索关键词结果页面只展示同一店铺的两个产品**。我们要明白一个现状：就是单个细分类目能且只能主推两个产品，换句话说做爆款基于搜索，一个细分类目最多两款，超过两款就会基于打散原则导致内战，做产品规划这点很重要。

所以这时候我们要做减法,做取舍,其实往往做加法很容易,也很愉快,大家可以罗列出所有我们能做的产品,然后仿佛这些产品已经给我们带来了业绩。

但是做减法,往往是非常痛苦的,每个产品都像自己的孩子,在做减法过程中我们在产品上会摇摆不定,哪个都不想放弃,最后没有一个产品做得特别好。

不仅是基于淘宝搜索的规则,我们在做规划的时候要做减法,就算是基于我们做企业的思考,做减法也是计划里必不可少的一项。

史玉柱被请求给中小企业一点建议的时候说道:**建议中小企业集中所有的人力、物力、财力在一个商品上**,即使只做一个商品,也不要面面俱到,平均用力,要把所有的资源集中去打造产品的一个点。

我们经营淘宝店,上架一个商品往往很容易,但往往这种"容易"是对于运营最致命的,大家会像碰运气一样去上架产品,如果某个产品能卖起来,就谢天谢地;如果卖不起来,就垂头丧气。

从这个角度来讲,做减法更容易成功。做这种产品规划的方法,是我们得到产品矩阵后,不停地先做类目减法,得到 3 ~ 5 个主营细分类目,然后再从这几个主营类目里继续做减法,每个细分类目里筛选出来两个主推需求,接下来的工作就是基于主推需求去寻找或者创造产品,得到产品后,公司的全部资源都倾斜到这 6 ~ 10 个产品上。

我之前在分享的时候也提到,让大家思考,淘宝天猫店的运营应该是"广度运营"还是"深度运营",如果是广度运营,就是所有产品我们都涉及,面面俱到;如果是深度运营,就是我们缩短自己的产品线,每个产品都给出更多的资源。

如果你赞同深度运营,就是目前基于电商产品激烈竞争下的更好选择。一旦基于产品矩阵做完减法后,你就可以拿出你选出的 3 ~ 5 个产品线,实施能量聚焦，每周拿出一天只关注一个产品线，比如周一路由器，周二中继器，周三无线网卡等。

月度淘宝店规划，也就是在年后开工后，我们要得到的结果是店铺的直通车、活动资源、淘宝客资源倾斜在哪三个细分类目的具体产品上。好钢用在刀刃上，你的店铺层级越低，建议你选择的细分类目越窄，慢慢地扩大经营范围补充覆盖客户需求。

最后，我们得到的规划应该是类目产品盘点后的**减法**。把资源**聚焦**在恰当的单品，然后基于单品做出公司人力资源分配方案，在这几个单品销售起来以后，就会串联起整个店铺的销售额。

还有，这个结果可能需要分两种情况讨论，如果是非标准品行业，比如女装，这个计划可能需要变通，**我一直觉得女装的产品并非单纯是衣服，而是人群的审美需求**，衣服的季节、款式、用途、场景会一直在变化，但是一直不变的是**人群审美需求**。

当然，我也看过不少把服装当成标品来操作的店铺，通过数据找款式，然后通过运营和推广去打爆款，从来不关注这个爆款和自己的人群是否冲突。我们不评价这种做法的好坏，就好像我有个学生一年四季只卖那几款裤子，单月销售额也能到 500 万元。

其实，标准品的类目，需求和产品可以根据数据被设计出来，但是服装类目，就算你通过数据发现某个人群很有价值，某些款式会很好，你去做也可能赚钱，但很难做成 TOP 店铺。就好像现实中的情形：做得好的大码女装老板基本本身就是胖子，中国风的掌柜平时穿衣风格就是中国风。

这也是我为什么至今没去做服装，因为我本身并不是这方面的意见领袖。如果未来有一天，我开始做女装了，一定是要么和某线下品牌合作，要么是和某个女装的意见领袖合作，而不是完全自己去经营。

如果非要让女装店去做个年度计划，除了考虑季节性和上新，我的建议是：**数据仅供参考，然后，坚定不移地做自己**。

相关链接:《"卖什么"的本质是"卖自己"》。

问题

问题:做出公司产品矩阵图,具体到子类目,列出子类目下的两个主推产品。

答案:

_____

笔记

_____

打造淘宝爆款的"时间轴"

第一步：布局

第二步：预选款

第三步：微商

第四步：定款 or 回炉

第五步：点击率优化

第六步：转化率为王

第七步：销量暴增

打造爆款时间轴

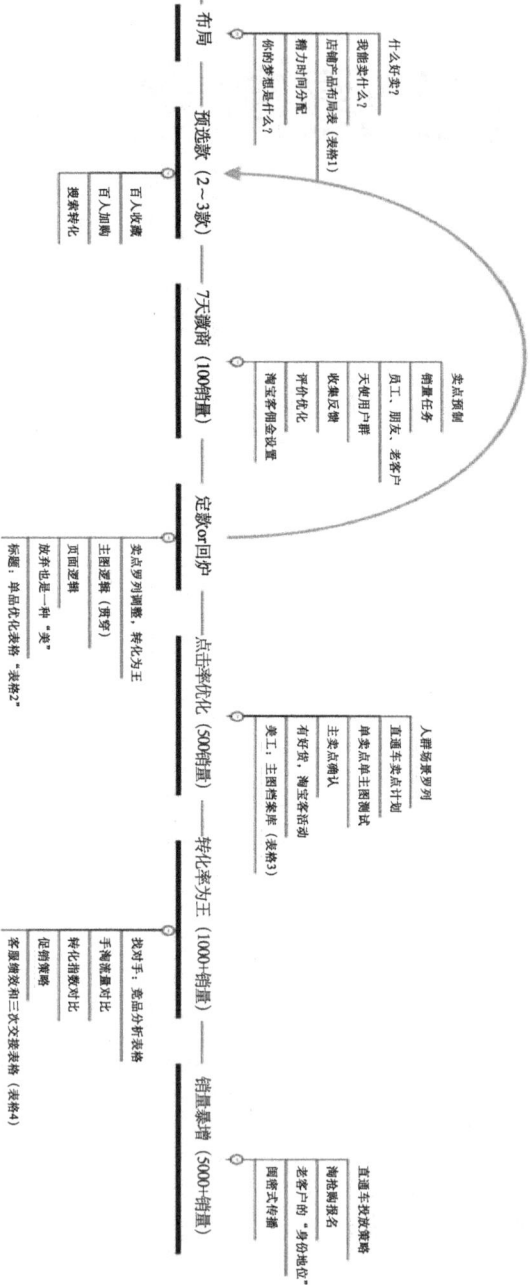

布局 —— 预选款（2~3款）—— 7天测新（100销量）—— 定款or回炉 —— 点击率优化（500销量）—— 转化率为王（1000+销量）—— 销量暴增（5000+销量）

布局
- 你的梦想是什么?
- 精力时间总分配
- 店铺产品布局表（表格1）
- 我能卖什么?
- 什么好卖?

预选款（2~3款）
- 逐案转化
- 百人加购
- 百人收藏

7天测新（100销量）
- 卖点预制
- 员工、朋友、老客户
- 天使用户群
- 收集反馈
- 评价优化
- 淘宝客佣金设置

定款or回炉
- 卖点罗列调整，转化为王
- 主图逻辑（果穿）
- 页面逻辑
- 放弃也是一种"美"
- 标题：单品优化表格"表格2"

点击率优化（500销量）
- 人群曝光系列
- 直通车卖点计划
- 单类点新点测试
- 主要点确认
- 有好货、淘宝客活动
- 美工：主图档案库（表格3）

转化率为王（1000+销量）
- 找对手，产品分析表格
- 手淘流量对比
- 转化指数对比
- 促销策略
- 零距离触发和三次交接表格（表格4）

销量暴增（5000+销量）
- 直通车权重排名
- 老客户的"身份地位"
- 阶梯式持握
- 周密式持握

淘宝是个相对比较新的行业，没有前人总结的系统理论和体系知识，要靠自己来摸索。所以现状是大部分的淘宝卖家在经营的过程中都是依靠直觉行事，没有成型的方法作为依据。

为了让店铺的运营更加高效，最近我整理出来一个打造爆款的时间轴，让大家清楚地知道在淘宝产品的销售过程中，什么时间节点应该关注什么事情，如见下图所示。

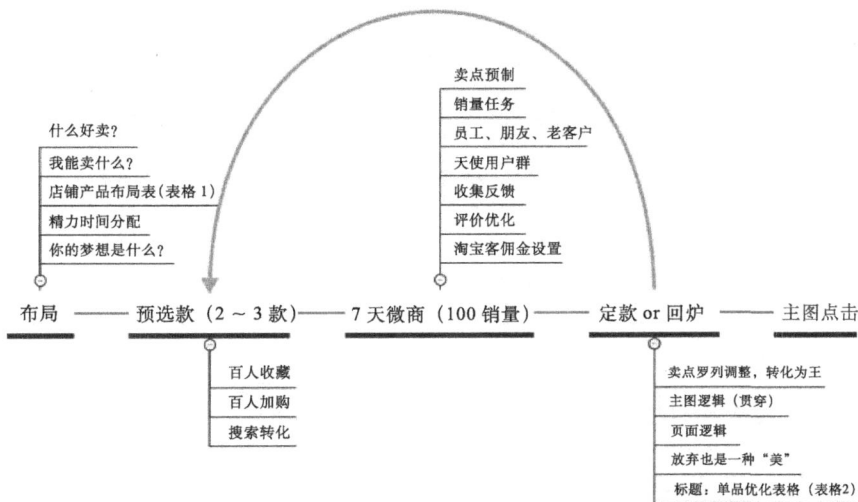

在这个时间轴上，我认为前半部分除了要去淘宝收集数据用于辅助思考，几乎和淘宝没有任何关系，都是基于行业、店铺和产品的思考，这其实就是我们说的不管渠道怎么变，商业的本质不会变。

淘宝对于卖家最大的魅力，不仅仅是它改变了商业形态，而是它加快了优质商品的成长速度，让产品快速"燃烧"，产生了"大爆炸"的可能性。

第一步：布局

在这里我们要强调一点，为什么淘宝成功的方法几乎很难复制，主要是因为"背景"不同。

例如，某个店铺低价冲起来一个爆款，之后很长一段时间它的销售价格都低于你的进货价格。它能够成为爆款可能因为"背景"是工厂，它可能从头到尾都没有赚钱，但是这个产品却养活了工厂。

再比如，某个设计师在淘宝开的店铺，卖的衣服价格比你高很多。这时候你觉得只要价格比她的低就能打败她；但是做了很久人家上新的产品还是一抢而空，而你还是产品挂在上面没有销量。这时候，你可能没注意到，她真正销售的并不是布料，而是某种风格的生活方式。

所以，在爆款打造的第一步，我们除了建议大家从生意参谋的整个类目销售数据里去分析子类目成交占比，看看哪些东西好卖，更建议大家结合自身的情况去思考，在这些好卖的产品里，哪些产品是基于自身优势有可能卖好的。

以下是在布局里首先要思考的两点：

第一，什么好卖？

第二，我能卖什么？

思考好这两点之后，可以基于生意参谋的行业数据制作一个**产品布局表格**，如下图所示。

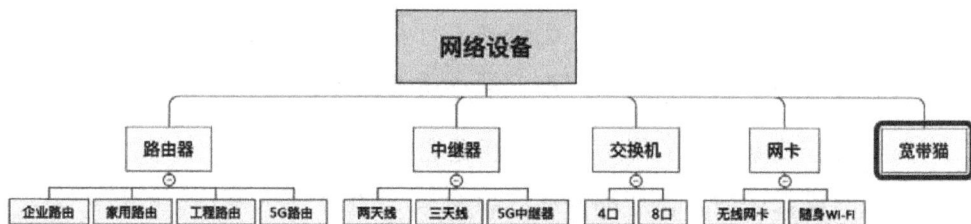

但是，我们觉得比起系统理论的数据分析，更重要的是你的精力投入。因为淘宝上架一个产品非常容易，又可以代发货，所以带来的后果是大家都无限制地上架商品，然后平均用力。

实际情况是，你上了一个产品放在店铺里，要竞争的其实是全国上百万个同类产品。作为起步阶段，每个掌柜最有限的是精力，即使到后面公司化运转了，每个公司的资源投入也是很重要的战略思考点。

所以，我们认为在这个阶段，大家要思考的更多是减法，即基于现在的产品矩阵，你的精力应该主要放在哪个产品线上，投到哪个产品里面。

史玉柱给创业公司的建议是：集中公司所有人力、物力、财力，投在一个产品上；即使做一个产品，也不要平均用力，集中所有资源打产品的一个点。

当然，我没有史玉柱这样的魄力和能力，所以我建议大家可以考虑初期在划好产品矩阵后，狠心去做减法，在这个矩阵里找 2 ~ 3 个产品线作为自己精力的主要投放点。

在布局的最后，我想问大家一句：**你的梦想是什么？**

现在做到"惊世骇俗"的企业，大部分创始人初期的想法都不仅仅是为了赚钱：乔布斯是因为喜欢数码产品；扎克伯格只是觉得好玩；就算是阿里巴巴，刚开始的目标也是只赚 1 块钱，让天下没有难做的生意。

这很重要！

因为梦想会影响做事情的出发点，而出发点又会潜移默化地影响后面很多做事情的方式。"梦想"未来就会成为你做事情的主线，成为你店铺的核心价值，成为你的店铺区别于别人的记忆点。

如果你的梦想是让身边的人喜欢极简风格的衣服，那么你在做衣服的时候，就绝对不会为了赚钱去跟风，也不会为了赚钱去卖有问题的产品。

小钱可以为了赚钱而赚到，但是真正成功的品牌，赚钱往往不是目的，而是自然的结果。换成中国的俗话，即小胜靠智，大胜凭德。

即使我们是一个小小的淘宝卖家，也需要不停地拷问自己的内心：**你还在坚持自己的梦想吗？**

第二步：预选款

这个环节我们集中精力准备预选款，主要是基于这个环节最常出现的一个现象，我们把它总结成一个词——"莫名其妙"。

经常会出现这种情况，我们根据数据分析，并且把对手的爆款模仿过来去推广，可死活就是"爆"不起来；但是，我们当时并不看好的一个单品，莫名其妙就卖得还不错。

所以非常推崇"灰度定位"的说法，就是我们先定一个大概方向，但是并不确定哪一条路一定要走，不要非黑即白，在走的过程中要根据现实情况做调整。这个观点我已在《淘宝天猫店，年后开工如何做规划》一文中提到。

预选款这个环节，我们要根据之前做出的店铺产品矩阵，基于自己的精力投入情况，选出两个产品线主力推出，然后在这两个产品线里基于百人收藏和百人加购找出 2 ~ 3 个主推款产品。

其实未来要主推的爆款，最重要的数据是搜索转化率。但是转化率需要相对比较大的数据去测试才相对客观，新品期间的销售太少，我们可以转而观察另外两个转化率的"前期动作数据"——百人收藏和百人加购，并且对店铺类似产品进行数据对比，选出 2 ~ 3 个产品去启动爆款打造流程。

当普通商品拥有 100 个访客、5 个收藏、3 个加购时，如果发现其中有个商品同样获得 100 个访客，有"10+"收藏和"10+"加购，那么我们基本可以判断这个商品具备成为爆款的潜质。

这一步，其实是从战略到战术的过程，先坚定梦想，接着基于数据划分产品线，再根据自己的精力情况选择 2 ~ 3 款产品投入自己的绝大部分精力。

第三步：微商

如果你在淘宝上开店，做不成企业，我觉得可能有客观原因；但是如果你说没有销售额，那我认为是你自己的原因。

记住我刚开始说的，淘宝的主要魅力是做销量大爆炸。所以做淘宝销售的第一步是**忘记淘宝**，像做微商一样靠身边的亲戚朋友去完成第一批销售。

其实，我们在做淘宝的过程中，不顾一切地去获得销量、好评、信誉，有一个主要的目的——获取陌生顾客的信任。而在我们销售商品给身边的人时，其实不需要用销量来获取信任。所以这时候可以做商品的"销售演练"，你要思考，你的产品销售给你身边的人时，哪个卖点他们可能感兴趣。

所以在这个销售演练的过程中，我们更重要的是依靠自己的经验和直觉，先**预制卖点**：一个你认为能吸引住朋友的产品优势。

预制卖点之后，可以基于这个卖点完成简单的商品主图和详情，然后启动第二步——销量任务。销量任务的多少，要根据预期销量值来定，如果预期要做 5000 个的销量，那么前期的销量启动可以定 100 个；如果预期销量要做 500 个，那么前期启动销量 10 个就能引来不少流量。

注意，前期的销量做得越多，产品的搜索成长可能会越快。但是，这个过程，我们并不是想要大流量，而是想要引入部分流量来测试产品。因为这时候，虽然你前面有很多分析，但是不一定保证这个产品一定能行。如果产品不行，那么过多的销量就是浪费；如果产品可以，不需要太多销量就可以驱动搜索流量呈螺旋式增长。

简单地说，就是产品不行，再多销量也不行；产品好，很少的销量就能推动它的搜索流量呈螺旋式增长。

我们一般通过朋友和老客户来完成销量任务；如果完成不了，我们就再放大一点儿，通过员工的亲戚朋友来完成。在这里，说是销量任务并不恰当，准确地说，是"销量福利"：在这个过程中，我们会把产品以一个极低的内部购买价格销售出去，让员工的销售难度大大降低。

这时候，如果你卖的产品，你的朋友平时能用到，但是即使你以内购价格销售，他们也不愿意买，那么我觉得这时候要思考的就不是方法了，而是考虑是不是产品有问题。

以前我们一直强调一个观点，目前成功的淘宝店，基本都是"卖自己"，兴趣才是驱动运营最好的点。

但是现实中却存在这种情况：我们对于自己所经营的行业不是很有兴趣，但是又必须去做这个行业，怎么办？

我的观点是：要么自己对产品有兴趣，要么和一堆有兴趣的人在一起，培养兴趣。所以，这里非常建议大家去建立一个"品牌天使用户群"。

找一批老顾客，不需要太多，50～100 个就可以，他们对于你的产品有兴趣，并且热心。然后像小米那样去建立一个发烧友的天使用户群，自己深入进去，让发烧友成为你的产品的首席体验官。

当然，这批天使用户也可以成为你的终身 VIP 客户。当 VIP 新品上架的时候，给他们一个你能接受的最低价格作为内购价，来帮你完成第一批产品评价和试用反馈。

产品销售的前期，在没有大数据引入的情况下，你的更多的基于产品营销的思考都应该来源于天使用户的反馈和建议。所以这一步，我们会让客服把所有天使用户的反馈整理成一个表格。

这时，我们会给产品开通淘宝客计划，因为淘宝客的开通宜早不宜晚，以便累积推广费用支出来获取淘宝客排名。如果你不知道要做什么推广，那就建议你先做淘宝客吧，因为是按成交扣费，所以这个是永远都不会错的推广。

第四步：定款 or 回炉

有了基础销量后，如果产品的流量和销量能够呈螺旋式增加，等到大流量能进来之后，我们就开始用淘宝运营的思路运营单品，切分人群，优化标题（单品运营表格），调整主图。

但是，我们不得不面临另一个可能出现的现状：我们像做微商一样做了100多个销量，产品流量始终上不来；或者，产品流量有了，但是销量很一般，很快流量就没有了，怎么办？

这里面最令人绝望的原因，莫过于流量有了，评价一直不好。短时间少量负面评价，我们或许能够通过某些办法蒙混过去，但是一旦产品销量巨大，你能够控制的东西就越来越少。

所以"产品是核心"绝不是说说而已。产品有缺陷时，销量越高，评价和问题就越难以掩盖，这时带来的后果是转化率下降，销量减少，连锁反应带来流量降低，进而致使你前面投入的精力、财力都成了零。

因此，有一句话说得好，放弃也是一种"美"。存在缺陷的产品，你不舍得之前的投入，越晚放弃，反而越费钱；越早撒手，反而相当于省钱。

如果产品不行，这时候我们就被迫返回到爆款打造流程的第二步，再从预选款重新开始。

当你的产品评价没问题，品质也没问题，回购率也还不错，但是流量和销量始终上不去，这时要做的，要么是切分人群，换一部分人推销；要么换个角度去击破，调整卖点。

自己的爆款和对手的爆款在竞争过程中，最重要的数据莫过于转化率了。因为到最后大家的流量其实都差不了太多，这时候转化率每差1%，对于每天的销售量影响可能都是上百个。

　　而转化率的核心，**不是让每个看到你商品的人都想买，而是让每个想买你商品的人都能看到你的商品**。所以进行转化率优化的核心是切分人群，例如，购买鼠标垫的人有很多，但是有的想买游戏鼠标垫，有的想买办公鼠标垫，有的想买可爱鼠标垫，等等，这时候你想让所有的人都去买你的鼠标垫，本身就是不可能完成的任务，转化率很难做到极致。

　　说到这里，你可能就明白了，这时候我们要做的是先切分人群，通过行业热词榜的搜索词数据去罗列所有购买该产品的人群和使用场景，然后思考哪些人群可以合并，哪些人群水火不容。

　　比如可爱和办公的鼠标垫，需求人群类似就可以合并；而办公和游戏人群则是两个极端，不能用同一个产品来抓。接下来我们从标题优化，到主图策划，再到详情页都做取舍，只选适合自己的人群，问题便可迎刃而解。

　　如果我们只选办公鼠标垫的场景需求，那么标题关键词里和 LOL 相关的要不要，主图应该在什么场景下拍摄，详情页应该基于什么场景下的需求去做卖点，相信大家的思路就很简单明了了。

　　然后，因为同样一个产品往往能适用于几个人群和场景，为了做高转化，我们必然要进行取舍。那么选择哪种人群，该种人群的市场规模多大，这都是我们要考虑的问题。

　　随着流量越来越大，就不能仅仅靠天使用户的**经验科学**，转而需要通过数据抓取和分析，用**淘宝数据化运营**的方式来推动产品的下一步销售增长。

　　前面提到，在做淘宝运营的前期最重要的是**忘记淘宝**，而应从产品和消费者角度不停地做策略的调整和定位。

　　史玉柱在描述自己做广告策略的时候提出了一个**"爆米花机"理论**：他认为广告最重要的是前期的策划案，如果策划案做不好，就好像用了差的爆米花机，玉米粒原来多大出来还是多大；如果策划案做好了，一个玉米粒进去就能出来一个几倍大小的爆米花。

```
人群场景罗列
│
├ 直通车卖点计划                          直通车投放政策
│                                      │
├ 单卖点单主图测试                        ├ 淘抢购报名
│                                      │
├ 主卖点确认                             ├ 老客户的"身份地位"
│                                      │
├ 有好货，淘宝客活动                       └ 闺密式传播
│
└ 美工：主图档案库（表格3）
○                                      ○
│                                      │
主图点击（500销量）——— 竞品转化（1000+销量）——— 抢销量排名（5000+销量）
                      │
                      ├ 找对手：竞品分析表格
                      │
                      ├ 手淘流量对比
                      │
                      ├ 转化指数对比
                      │
                      ├ 促销策略
                      │
                      └ 客服绩效和三次交接表格（表格4）
```

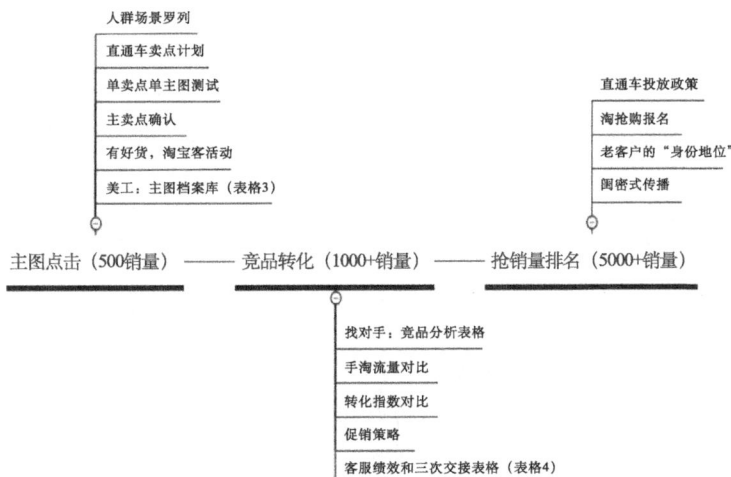

也就是说，前期要多思考，这是战略上的勤奋。很多被认为所谓天才的人，大家看他没怎么努力工作，其实他是用战略上的勤奋来"取代"战术上的懒惰；而那些看起来每天很努力，但是一直不出成绩的人，很可能就只会战术上勤奋，闷着头苦干，但在战略上却是个懒人。

第五步：点击率优化

当我们通过前期工作，确定了一个还不错的产品，这时就要开始发挥淘宝的"爆炸"属性，通过大流量来驱动产品的"快速燃烧"。

很多"运营高手"在研究数据的时候，都会陷入事后诸葛亮的陷阱。比如，听说淘宝有个"7天螺旋"说法，而且看到商品在成长的过程中，确实销量有一定的螺旋式增加，所以推理：我们的销量按照"7天螺旋"，流量就能起来。果真是这样吗？

真相可能是：淘宝给每个新品都有一定的初始权重，大家都获得差不多的曝光量；而这时候点击率的差异（假设 3% 和 4%）会导致商品的访客数产生将近 30% 的差异，高点击的商品可获得更多的访客成交，曝光就越来

越大，在转化稳定的情况下，访客和销量就会随之呈螺旋式增长。

换句话说，螺旋式增长的核心并不是销量增长，而是因点击率高于同行而带来的访客数螺旋式增长。所以爆款打造的第一步，应该是关注和提高点击率。

提到点击率优化，可能更多的人想到的是主图的视觉。但是笔者认为，比起视觉本身，更重要的是主图的策划。

在爆款打造的时间轴的叙述中我们也提到，如果你发现想买鼠标垫的用户，有的想要办公型的，有的想要游戏型的，有的想要可爱型的，等等；这样你就没办法用一个鼠标垫的主图让所有用户点击，这时我们要做的是**分场景和切分人群**。

罗列出场景、人群之后，比如几个主要人群场景：办公、游戏、动漫卡通。接下来要分析我们的产品最适合哪种场景，然后进行取舍。

当然，前期的取舍可能是根据自己对于产品的了解，如果自己实在区分不开，可以尝试使用"直通车卖点计划"，就是用直通车来测试人群和场景，进而做出自己的判断。

比如可以把一个产品列个计划：办公鼠标垫、游戏鼠标垫、动漫卡通鼠标垫。这 3 个计划就是产品的 3 个主要场景，然后每个场景填入一个相应的产品，关键词根据行业 100% 出价。

当然如果你没有那么多商品，也可以尝试用一个商品填写到 3 个计划中，这个商品在 3 个计划里推的关键词都不同，应根据场景来定。

在办公鼠标垫的计划里，主要选择鼠标垫的行业热词榜里所有和办公有关的关键词，4 张主图也都围绕办公场景去设计。同样，游戏、动漫卡通鼠标垫也是都只做单一人群。

接下来，我们会基于这些计划产生的几个数据做主推产品思考：第一个是计划投入产出比，这个是对行业竞争的综合体现；第二个是计划总点击量，这是对于单场景市场容量的初步判断；第三个是计划总点击率，这是对场景策划的成败总结。

最后，我们的结论是，点击量和投入产出比高于同行的场景人群，选出来做主卖点，推爆款，销量会很大；总点击率远高于其他计划，并且点击量OK的，选出来做小众人群爆款，利润会不错。

在做点击率优化的同时，我们要开始联系达人或者阿里V任务，或者通过好货来获取手淘的碎片化流量。这么做的原因是，这些渠道会限制销量超过 2000 的参与。所以在搜索流量开始增长的时候，做一些其他渠道的辅助流量帮助搜索，效果更好。

有很多掌柜会问，其他渠道的流量转化可能偏低，对搜索流量会有影响吗？答案是否定的，搜索看转化，而转化的计算只依据搜索入口流量。

第六步：转化率为王

很多掌柜都向我描述类似的情景：现在如果让商品流量和访客增长，甚至进入搜索的首屏都能做到，但是最难的是流量来得快，去得快，很难保持住。

简单地从淘宝平台的角度去思考，我们可以这么理解：如果很多看到你商品的人都愿意点击，那么就把你的商品推送给更多潜在用户，让你的商品流量增高；但是，如果给了你很多用户，发现他们都没买，那么对不起，流量要收回。

换句话说，**能不能暴增流量的核心在于点击率，能不能稳定住流量的核心在于转化率。**

转化率可分成两部分：**询单转化和静默下单转化。**前者更多的是通过客服绩效来完成，这个前面已有介绍。

　　简单地说，掌柜去做客服的时候，一般询单转化都不错，原因是掌柜在接单的时候心理活动就像在数钱：卖了这单我能赚 200 块，所以就不会轻易放走每一个上门的顾客。而客服绩效的核心，也在这里。

　　除了通过客服的绩效来驱使，我们在做高客单价和低客单价的销售时的策略还是不同的。在做高客单价的销售时，我们考虑到用户的付款周期可能会比较长，所以会做一个客服的"三次交接表格"。

　　简单地说，只要客户表达出来意向，我们就会记录顾客 ID，然后下面要连续几天进行 3 次以上的客服交接询问。最后一次就是直接和顾客谈条件："亲，我是 × × 店的经理，看你也是真的想买，你觉得多少钱合适，我试着帮你和老板申请一个内部员工价格。"

　　我们认为，如果一旦有一个顾客询单了没买，我们就相当于损失了两个顾客，因为你少了一个，对手就增加了一个。所以对于客单价和回购率高的行业，前期的顾客我们无论如何都要想办法拿下，哪怕这一单不赚钱。

　　静默下单转化，就是顾客从头到尾都没咨询客服，也没有拍下，我们不知道他在哪里，在想什么，所以这时候我们要从他的行为路径和页面角度来打动他。

　　我们复盘一下顾客的购物行为，可能是这样：搜索某个关键词，看了 a 产品，然后又看了 b 产品，或者再通过猜你喜欢等个性化的推荐转到了你的产品上。

　　这时候，如何提高产品的转化率呢？只从自己卖产品的角度来转化显然是不行的。所以，我们建议卖家建立一个竞品分析表，找 3 个对手，像顾客一样通过对比来调整你产品的页面。

　　在对比的过程中，重要的不是数据本身，而是要看到数据背后的东西。比如，转化指数特别好的产品，是人家的产品好，还是页面卖点抓得好，或者是促销的方式吸引人，我们要不要跟进；手淘搜索流量特别多，是不是标题那些关键词的流量没用到，或者是他们的主图点击率高，要不要模仿他们做个主图测试一下。

第七步：销量暴增

把流量提上来了，并且在流量增长的过程中，稳定住了销量，保证流量不掉下来。这时，基本产品的日销量就稳定了，如果月销量破 2000，一个店铺主力款就诞生了。但是，**稳定住之后，可能会面临另一个问题——销量"瓶颈"**，这时必须想办法突破它。

像前面介绍的，在打造爆款之初，像做微商一样去影响身边的人，销售 100 个出去，在没有销量的情况下，这 100 个销量帮助很大；但是如果到了现在的月销量水平，可能增加几十个销量，对于整体的搜索流量也产生不了很大的影响。

这时，如果想要突破"瓶颈"，就需要比较大的销量波动，而这主要来自两个方面——**主图和活动**。

很多掌柜一旦看到商品销量稳定了，主图就再也不敢动了。而我们公司的工作是，**越是爆款的主图，越是要频繁地调整**，原因是：当流量很少的时候，主图的点击率能影响的流量和销量也很少；但是当流量大的时候，主图的微小差异能影响的销量就相当大。

例如，我们公司的爆款月销量 60000 多，点击率 5%，点击率的 1/10 变化是 0.5%。也就是说，如果我们能想办法提高主图点击率的 0.5%，那么每个月就能多卖 6000 多个产品，提高 1%，就能多卖 12000 多个产品。这就是我们说的大销量变化。

当然，我们必须强调一点，越是爆款的主图，在调整的测试期就越需要谨慎，要用比普通产品更大的流量去测试，有了依据才敢于去调整。

我们把淘宝活动分成内部活动和外部活动。内部活动就是通常所说的 CRM，这个点是我们要重点思考的。但是要注意，即 CRM 的策划要尽量简单直接才更有效果。比如，我在做女装店顾问的时候，学习奶茶店的"盖章卡"思路，做了个 3 个月内买 8 件、免单最低价一件的活动，使老顾客对于上新产品的关注度上升到空前。

外部活动就是淘宝常见的淘抢购、聚划算等，我们的爆款也经常参与。最多的活动是淘抢购，基本上现在每月 5 ～ 6 次淘抢购，这也是能够给爆款带来大销量波动的渠道。

关于活动是否能给搜索加权，我们的思考方式是这样的，当年淘宝把聚划算从搜索权重里剔除，平台主要思考的是公平性，大幅折扣做出的销量其实和日常产生的销量不一样，权重很低。

换句话说，只要不是大幅度折扣的销量，对于搜索是相对公平的，也是有加权的。所以我们爆款参加活动的主要原则是折扣幅度尽量小，一定不能超过 30%。例如，如果我们日销实际成交价是 100 元，活动尽量报 90 元，最低不能低于 70 元。

当一个单品月销量达到 5 万元左右，基本上就可以称为超级单品。这时我们要考虑的不仅是成长，还要考虑用品牌去俘获消费者。也就是说，这时候我们要考虑的是**从淘内营销到全网营销**。

我们这个行业有个小产品在这方面做得非常好，就是 360 随身 Wi-Fi。这款产品 360 在做很多销量的时候，一直给顾客灌输的思想就是随身 Wi-Fi 就是 360。当它做到月销量 30 万个，后面其他品牌意识到这个产品有市场的时候，突然发现顾客搜索随身 Wi-Fi 的时候最多的搜索是"360 随身 Wi-Fi"，这时候就绝望了。

在做全网营销的时候，我们提倡的是基于移动互联网，或者是朋友圈里的**"闺密式传播"**思考，主要有两点：一是闺密的审美，消费水平可能惊人相似；二是闺密式传播的驱动是炫耀和虚荣心。

例如，去漫咖啡消费的美女和网红很多，有一个原因，可能是它在你点单结束之后会给你一个可爱的小熊。当一个漂亮的女孩子有一个可爱的小熊在桌上时，她的表现往往是两个，拍小熊和拿着小熊自拍；最后定位漫咖啡发朋友圈，证明自己的小资网红生活。这种行为就慢慢完成了"闺密"的定向传播，漫咖啡就成了网红最爱的咖啡店。

此时会发现，做一个爆款单品需要我们懂的技能太多了，而且还要配合着天时地利人和。

但是笔者也认为，我们正生活在一个最美好的时代，她的美丽在于我们走过了那个要做起一个品牌必须成为 CCTV 标王的时代。

移动互联网让传播产生了质变，只要你有个令人尖叫的单品，只要你敢于去想，细心地去做，一切皆有可能。

5

本书作者的电商创业故事

上到大四被开除
为什么在互联网创业
吧内网，首次创业失败
创建中国第一家团购网
为了吃饱饭去开淘宝店
《非诚勿扰》上的淘宝掌柜
淘宝做两年，亏损 20 万元
幡然醒悟建团队
从被大学开除到成为北大讲师

上到大四被开除

这是一个草根淘宝掌柜的创业史。

或许，你也正在路上。

大学之前的记忆，几乎都是千篇一律的。

我出生在 20 世纪 80 年代的山东农村，是姥爷赶着马车从县医院把我和妈妈接回家的。他看到生了个男孩很开心，就使劲甩了三马鞭，再加上我刚出生不停地哭，声音很响，我的小名就叫响响。

山东都是应试教育。我上学之后每天在学校里做考卷，周而复始地学习，连上体育课和美术课都是一种奢侈。

学生期间的真理是"学好数理化，走遍天下都不怕"。讽刺的是，现在看来，对于普通人最没用的应该就是数理化，即使是历史、政治、地理，甚至是体育、音乐这些所谓的副科也比它们更有实用价值。

毕竟，没有人闲着没事在自己家浴缸算"放水同时加水，几小时加满"的无聊问题。

我在上初中之前学习一直名列前茅，但并不像一般的"学霸"既听话又讨喜。我虽然成绩不错，但同时又是班里最能闯祸的学生，经常因为捣乱被罚站，以至于一直把桌子搬在讲台旁，和老师成为"同桌的你"。

所以，我虽然成绩好，但是从来没当过什么正儿八经的班干部，从初一到高三，都是体育委员。大概是老师觉得，如果我当班长起不了带头示范作用，但是给我个官儿当着，又可以在我犯错的时候名正言顺地说：你看你，班干部还带头捣乱……

那时候最开心的，大概是几个男生凑 15 元钱去买个橡胶篮球，偷偷摸摸趁午饭时间去打。记忆中，篮球大概被没收了十几个，因为学校觉得这个爱好会影响成绩。

然而，这被压迫着的篮球爱好，反而成了我上大学之后唯一不至于自卑到尘埃的特长。

2002 年高考之后，我带着行李，坐着绿皮火车，穿过长江大桥来到了江苏大学。当年，我填志愿的唯一想法，就是学校要在大城市，想出去闯闯。我本以为以省名命名的大学应该在省会，被录取了才发现，阴差阳错是在江苏镇江。

我到了大学之后，最开心的事情是：打篮球"合法"了，不用再担心被教导主任抓了。别的班级的同学后来和我说，他们刚开始以为我是疯子，因为吃早饭去食堂穿过篮球场的时候看我在打球，吃午饭的时候看我还在打，吃晚饭的时候看到我竟然也在打。

痴迷于篮球还有一个原因，是我发现城市的同学大多都会去参加各种社团，他们会唱歌，会弹吉他，会跳舞，会画画，而我除打篮球之外再没有其他本事，甚至对于城市的很多事物都感到新鲜。

第一次坐学校里的电梯，不知道按上还是按下；女同学约我在 KFC 门口见，我问她 KFC 是什么；迷上网吧，因为之前根本没上过网；同学的名牌衣服，这些品牌我连听都没听过。

不服输，也不想认输。

就像我高中时候书桌上的一句话："**在我的字典里，平凡等于死亡**"。经过了懵懂的大一，到大二的时候开始拼命地接触一切新鲜事物，甚至反而开始厌恶从小到大枯燥的学科，开始各种逃课。

对新世界保持着好奇心，直到现在我仍然觉得这个是创业的必备条件。

接下来，看到有人说要组建大学论坛，我就义无反顾地说要加入。作为创始人之一，创建了当时的江苏大学论坛涯遇（yvvv.com）。在论坛遇到几个人，一起创建了街舞社团515。这个社团延续到现在，十几年后仍然是江苏大学最知名的社团，没有之一。

或许，这就是人生的选择。大学时做校园论坛和街舞社团，盈利都来自商铺的广告和商演，和商业有关的事情基本上都是我在负责。或许，就是这时候形成了我的商业思维雏形。

大学期间，我就和镇江的几个知名品牌，比如移动公司有了稳定的合作关系，也大概了解了这些品牌做路演和传播的一些思路。

当时大家做校园论坛的套路，是用大学生身边的情感小故事连载来吸引人气。为了让更多的人知道我们的涯遇论坛，我提议做个升级版，征集电影爱好者用这种小故事作为题材去拍摄个DV电影，取景就在自己大学，演员就在论坛的网友里海选。后来这个创意得到很多同学的赞同，很快组建了一个小团队，有导演、编剧、摄像。我作为出品人，成功地拉来移动公司赞助了我们完成拍摄的所有费用。

本来只想拍个小视频，后来剪辑出90分钟的一个电影，在学校大礼堂放映，门口和过道都挤满了人。

这是整个城市里第一部自编自导的校园DV电影。

电影播放完了，掌声经久不息。团队在大礼堂谢幕时说："我们要感谢一个人，就是电影的出品人贾真，没有他就没有这部电影今天的上映，即使在拍摄过程中他遭遇到被开除，但仍然假装没事一样协助我们完成整个电影的拍摄。"

我被开除，2006 年的十大高校事件之一。一篇《感谢大学，但不感谢江苏大学》曾经让我成为天涯的红人，也成了大家口中的江苏大学的传奇人物，以至于我离开学校 10 年后还有学弟学妹在我的微博里说他们老师说到我。

大学里，我承认自己并不是一个好学生。

开除事件的源头可能是因为我替班级出头。整个营销系都对新来的班主任意见很大，班主任拿班费报销自己的话费，选班长的时候收受贿赂，更可恶的是，女生说他总是晚上熄灯前去查宿舍，不敲门。所以，我当时脑子一热拍桌子说，我来出头要求院长给我们换个班主任。

接下来，我写了份材料，把班主任做的坏事都写了出来，让大家签名，然后自己跑到院长的办公室递交。印象分差评的是，当时我跳街舞 Breaking，打扮上比较出位，头发五颜六色（当时我自己没注意，后来院长说的）。

院长看了我一眼说："你放在这儿，出去吧"。

我没走，说："不行，你要认真看看，不然我送校长那边"。

院长说："我警告你，这事情在学院内处理没问题，如果闹到学院外，让你吃不了兜着走"。

我回应说："如果事情不得到解决，学校解决不了，我就告到教育部"。

大概过了一周，班主任换了，然后我就不停地受到处分。

旷课四节，警告一次。

夜不归宿，警告一次。

别人骂我女朋友，我去他宿舍和他打架，再警告一次。

按照校规，三次处分就要被开除。

我当时感觉特绝望，因为本来从山东农村出来，家里几乎花完了所有钱供我上大学，然而我自己把它给毁了。

我不敢和家里人说，就拿着最后一个学期的学费在学校后门口摆摊卖烧烤。后来不小心赚了钱，就又在后门口开了个加盟的饰品店以便留在学校。

哪知道，学校门口的饰品店很赚钱，一年不到赚了十几万元。马上我又开了第二个店，在学校正门口，两层楼。而这期间，学校那边开除通知也一直没下来，我也就这么拖着过了快一年。

转眼大四了，假期还收到学校寄到家里的通知，让我补考科目。

突然有一天，妈妈打电话给我说："为什么院长打电话说你已经被开除了？"

接下来的日子就像人生灾难。妈妈知道后从山东过来找院长求情，院长斩钉截铁一口拒绝。某天早上，我去叫妈妈吃早饭，看到她一个人坐在床边，默默地抹眼泪。看到我过来后，无助地问了句："儿子，被开除了，以后我们怎么办？"

当时的感觉，整个心都碎掉了。

我以为我跌到了人生的谷底，哪知道后面还遇到更黑暗的拘留和非议。

为什么在互联网创业

只要你肯迈步，
路就会在你脚下延伸

被大学开除那段时间，我自己的心情确实很糟。

转折点是当我看到一封按满红手印的信。班级里几乎所有同学，联名写了一份求情信，用红印泥按上了手印送到学院。

当时突然觉得别人都在替我出头，我还有什么理由不去勇敢面对。

接着，我开始冷静思考这件事情的经过，发现学校在处理开除我的事情上有很多问题：开除这种大事，没有按照程序找我签字，公示。于是，我就在校园论坛写开除事件的经过，不停地连载事情发展的动态，并且把所有涉及的学校老师、领导实名，并且注明说的任何一句都是实话，否则愿意承担一切责任。

然后就有了那篇 2006 年的热帖，我写的《感谢大学，但不感谢江苏大学》。

再后来，有同学把我写的东西转载到天涯论坛，大概是因为弱势群体和强势的抗争，得到了很多大学生的共鸣，瞬间就火了。

学校的领导开始主动地找我，和我谈这件事情。当时我注意到，几乎所有的领导桌上都有我写的文章的打印版，而且上面有圆珠笔做的标注。当年的毛头小子贾真，眼里面非黑即白，非对即错，所以我拒绝了学校开出的一切条件，只要学校认错。

正当我意气风发地认为正义必胜的时候，突然被派出所传唤了。理由是：我发帖在网上造谣女大学生被民工强奸。

后来发生的事情，超出了我对社会良知和人性善良的想象，到现在为止，我不想单方面去陈述什么，也不愿意去博取同情。庆幸的是，即使我遇到了最黑暗的恶意，但仍然对整个世界充满了憧憬。

拘留 10 天。《扬子晚报》电视新闻上都有采访和报道，地方论坛也置顶贾某因散布谣言被拘留的消息。然后，原来网上的舆论支持瞬间转向，原来我是这种人，那他所说的学校的事情一定也是假的。

说实话，在拘留所的日子里，我确实怕了。

但是，当我出来之后，看到几乎所有朋友都在和骂我的人解释，论坛的合伙人"楚"也不惜冒着论坛被封掉的风险发帖声援我,我瞬间觉得无所畏惧了。

我写了大学系列的最后一篇文字,标题是《成王败寇》。

大意是说,原来世界上并没有绝对的是非对错,如果你将来成功了,所有的黑都可以变成白;如果你一事无成,你所追求的正确也毫无意义。历史是成功者来书写的,所以,**从今天开始,我不再追问对错,只追求成功。**

这大概就是我选择创业的原动力吧。

人生走到这时候,我心态已经很好了,觉得世界上最大的事情,莫过于生死。只要人还在,就还有无限可能。

但是接下来的车祸和亏损,还是让我措手不及。

下雨天,我在学校门口打着伞骑着电动车,头撞到了一辆违停路边的货车上。等我起来后,嘴里面一直吐血,掉了好几颗牙齿,嘴唇也掉了一大块肉。自己打车去校医院,第一件事情是跟医生要镜子,当看到自己脸的样子瞬间觉得整个人生都完了。那一刻,心里面真的觉得比开除都绝望。

撞掉了 7 颗半牙齿,上面的半排牙齿都没了。为了防止失血过多,医生先给我做了止血和伤口缝合,在嘴巴里面缝了几十针。

一个月之后又割开牙龈,把剩下断在牙龈里的半颗牙齿用锤子敲出来。大概敲了 4 个多小时,从下午敲到天都黑了,中间补了 4 次麻药。

从医院出来的时候,整个半边脸肿得像馒头,医生满头大汗地对我说:"小伙子,恭喜你,以后你再也不会遇到比这更痛的伤害了"。

庆幸的是,我可能天生粗线条,内心强大到无所畏惧。这种无所畏惧的诞生,大概是因为从小我就觉得自己并不是凡人,就像电视里的情节,某个神仙转世。所以,我现在和未来所遭受的所有苦难都是上天安排好的,是我一生必须要走的路。

每次想到这里,我就能坦然接受现实的一切。

休息了一个月，等我身体好点儿之后，我开的第二家饰品店，就是在学校正门口的那家，因为学校大门变迁，人流量锐减，生意一落千丈，再加上租金比较贵，很快把之前赚的钱都亏掉了。

我突然醒悟，如果想要成功，开店的方式扩张太慢，而且受位置、人流量的客观影响比较大，即使你第一家店铺赚钱了，第二家、第三家也不一定能赚钱。

我很想用成功来给自己正名，想在整个中国一鸣惊人，这种方式太难。

所以，我索性把两个实体店都转让掉，破釜沉舟，于 2006 年年底找了一个当时一起做校园论坛的技术员，用店铺转让的钱开始去做网站。所以我很早就开始接触互联网圈子了。

人其实很多时候要感谢困境，只有在那个时候，你才会毫无顾忌地选择改变。因为即使你的尝试失败了，你也没有什么可以失去的了。

吧内网，首次创业失败

选择互联网创业时第一个做的是网站，叫吧内网（8nei.com）。

当时，校内网特别火，所以一直想模仿校内网的模式做这种局域网联盟。之所以做吧内网，其实是基于自己的需求，大学时光里最开心的事情莫过于几个舍友在网吧包夜玩游戏。如果没有同学陪你，你就要去浩方对战平台。而当时浩方最大的问题是，经常有不讲"游戏道德"的玩家秒退、骂人、挂机。

我当时想，如果做个网站，可以让大家迅速地找到同网吧玩同一个游戏的人，然后拉到一起玩，用共同游戏兴趣来交友，这可能会比较有意思。

当然，当时做这个网站，还有一个原因：就是我看到美女在网吧玩某个游戏，想搭讪却没有勇气，只能偷偷摸摸地路过记下来人家的游戏账号。这时候，如果有这个网站就可以轻易地找到她，发站内信邀请她一起玩，那对于宅男来说简直是神器。

其实，我是个有点儿社交障碍的男人，现实中几乎没有主动去搭讪过女孩子。但是据说，好的社交产品都是有社交障碍的人做出来的。因为，没社交障碍的人都是单刀直入，不会想那么多；而有社交障碍的人反而会思考搭讪过程的很多难题，所以在设计社交工具的时候都会考虑进去。

当时连这个网站的盈利模式我都想好了，通过社交做新游戏注册推荐，拿游戏的交易提成。女同学甚至可以因为自己玩这个游戏在网吧里邀请更多的男粉丝来注册，长期赚钱；技术宅男可以通过吧内网，凭借自己游戏玩得好，泡到女神。

我就拿着想法，去找到当时涯遇论坛的网站技术员三清叶，问他要不要一起做。我还记得当时找他的情景，他住研究生宿舍，我跑过去和他说："现在游戏广告没有地方释放，做电视上没用，做网吧里要全国地推。如果我们这个网站能覆盖全国30% ～ 50%的网吧，那我们吧内网会比做游戏的网更赚钱。"

后来，就像很多的草根创业故事一样，我们两个租了间民房，开始了我们的创业之路。他负责技术，我负责策划推广。为了了解用户想法，了解网吧运营思路和网吧玩家的心理，我在网站制作初期甚至还跑去网吧做起了"网管"。

吧内网做出来之后，很多网吧都欢迎我们入驻，因为能增加用户黏性，甚至他们的网吧屏保都做成了我们的网站。想想，如果有人在我们网吧玩游戏认识了，会互相拉着一起到当初相识的网吧来玩，能大大提高营业金额。最多的时候，我们在镇江市和 8 个网吧都完成了签约，然后把所有网吧注册用户串联起来，做了个总的首页，推荐一些玩某些热门游戏的美女帅哥用户，以此吸引更多的人注册。

但最后，我们做了一年多吧内网，花光了我所有的积蓄。

我们设想的盈利方式，是想在我们做到一定用户注册量后，有游戏公司来找我们做新游戏注册推荐。但是，只有 8 个网吧的时候，又是在小城市，没有游戏公司能看到我们。所以，这个模式的问题是要么赚大钱，要么一毛钱也赚不到。

最后，合伙人实在坚持不下去，委婉地提出离开。没有了技术支持，我也难为"无米之炊"。其实现在回想第一次创业，想法上并没有问题。因为我们做了不久之后，腾讯开始在全国网吧推送"同吧"这个新产品，也是像我们一样去做网吧游戏社交。其实我们当时并不怕腾讯，原因是腾讯所做的这款游戏社交，是非常有局限性的思维，它只推腾讯自己的游戏，所以对于用户来讲销售目的太明显，用户心理上是有抗拒的。

但是，即使你的想法再正确，模式再好，对于像我这样的草根创业者，如果早期不能盈利让自己活下来，你就不可能看到未来。或者说，如果我当时做吧内网的时候选择起步的城市在北京，就可能会有风投看到我；而如果当时有资本进来，可能结果会很不一样。

花光所有积蓄后，只能接受自己的第一次创业失败，接下来开始了几个月的流浪生活，被当时做吧内网认识的几个老板拉到他们网吧做策划，辗转于几个城市，包括镇江、扬州。

那时候吃住都在网吧，洗澡不容易，每天都邋里邋遢。

印象很深的是那年冬天的扬州，下了一场非常大的雪。我在 QQ 签名里写道："心没有栖息的地方，在哪里都是流浪。"

作为当时骄傲的"江苏大学传奇人物"，我的心情非常沮丧，自信心跌入了谷底。开除至少还有悲壮，而现在只是在悄无声息地没落。

这时候，原来做涯遇的一个同学，已经在某世界 500 强企业上班，他邀请我去他们公司面试一个岗位：新产品路演的项目主管，在 2006 年的时候月薪大概 1 万元。

我想了想，答应了。其实当时并不想去上班，觉得这时候放弃创业，选择上班就是认输；但当时愿意去面试，更多的是想把面试当成一次测试，测试自己到底有没有能力去做事情。

三轮面试，中间经历了一些项目实施沙盘，最后从来自上海、北京等城市的有相关经验的面试者中脱颖而出的，只有我一个人。

但是最后电话通知我准备上任的时候，我拒绝了。我家里人知道这事后，打电话骂我瞎胡闹。

最后选择拒绝的原因有两个：第一个，一个月 1 万元，一年才 12 万元，**未来都是"已知"的生活在我看来很恐怖**；第二个，去面试的时候，在他们公司墙上看到的一个标语震撼到我了，"Everyone has a dream, the one who does it can do a difference"，翻译成中文大意是：每个人都有梦想，只有付诸实践的人才能成就非凡。

当时，因为我做吧内网开始接触互联网圈，有了大量新鲜的思路和想法，我也会经常把自己的想法分享给身边的朋友，但是从来没有去做。这次我下定决心，不管最后成功失败，有了想法我就要去做，不再犹豫。

我拒绝了高薪工作之后，收拾行李，叫上了一个朋友，说服他和我一起去了大学附近的大城市——南京。2008 年顶着很多挑战，开始做国内第一家团购模式电商网站——抢宝网（qiangbao.net）。

创建中国第一家团购网

吧内网失败之后，我就一直在反思失败原因。

后来明白，刚开始的创业，不能做成长周期太长的，像我们这样的草根，没有资金坚持不了那么久。

然后明白：**创业不仅要有"诗和远方"，还要有眼前的"苟且"。**

其实，早在做吧内网期间，我就注意到一个美国的上市公司（woot.com，互联网团购模式），一天只卖一个商品，但是销售额已经可以做到上亿美元。我觉得美国的互联网环境领先于国内，所以，我就决定模仿 woot 的网页来做中国的团购网站。那时候是 2007 年，而中国的美团网、拉手网的出现，是在 2010 年。

当时我对这个网站的设想是：销售本身不去赚钱，多少钱拿货就卖多少钱，用低价团购做首页吸引用户；然后用二级页面做电商垂直平台的网址导航，来赚取交易佣金。

而决定去南京的原因，是我吸取吧内网失败的经验，互联网创业不能在小城市，这样不容易被注意；而上海、北京太大，我当时担心自己去了无法生存。

也就是说，我吸取第一次吧内网失败的经验，觉得再做互联网项目必须**满足两个条件：一是持续盈利，保证生存；二是到大城市，处于信息中心。**

到了南京之后，我在珠江路边的老小区租了一个房间，两个大男人挤在一个房间里。白天去珠江路地铁口发网站宣传卡片，告诉大家我们网站的小音箱卖 12 元钱，还免费送到家；晚上在房间里学习网页制作和百度 SEO，有时还跑到西祠胡同发广告。

这对于当时的我来说，其实是个不小的挑战。由奢入俭难，之前在大学的时候就成了小老板，又有各种社团光环，现在要丢下面子去地铁站发传单，很怕别人认出我来。

基于上个网站的失败，从开始我就考虑到了要以前期盈利满足持续发展；我甚至盘算，前期产品不赚钱，但可以赚送货费来解决生活。比如我们一单加 3 元送货费，如果一天送 20 单，就能赚 60 元，吃饭足够了。

没想到的是，在陌生城市即使是送货也不容易，前几次都没有成功。那时候没什么导航地图，骑着自行车，在马路上转了半天，竟然找不到用户的地址；有时出门的时候，天气好好的，突然倾盆大雨，为了保护给客户的小音箱，我把它抱在怀里，最后见到客户的时候音箱完好，自己却变成了落汤鸡。

我还记得，那次被大雨淋湿之后，我落寞地走在南京钢筋水泥的马路上，低头看到马路缝隙里的一株绿草，委屈地觉得自己就像大城市的一棵小草。晚上还回去写日记，说即使就算是株小草，我也要在大雨过后的城市里争出一抹绿色。

其实，在这个过程中最让我难过的，并不是身体上承受什么苦痛，而是即使你再努力却也无法做到的无力感。比如，在做团购网的过程中，最难的还是网站的更新。那时候我不会网站制作技术，抢宝网是我拜托三清叶的同学友情帮忙做出来的。但正是因为友情，所以每当网站出了问题，要更新总要拜托别人，特别的无奈。

最后，现实逼迫着我只能利用空余时间，慢慢地自学一些简单的代码和网站制作知识，但是非常吃力。

而在网站的发展初期，因为不可能有钱去做广告，所以网站推广只能靠策略和百度搜索。我们最成功的策略，大概是写了一篇引起转发的文字，标题是《当代"白骨精"最常上的 10 个网站》，里面推荐了当时特别热门有意思的 9 个网站，夹杂着一个我们的抢宝网。

这种策略在早期的网站推广特别有效，因为互联网初期，大家都会主动去找这种好玩的新网站，并且加进收藏夹。所以单单这一篇文章，就能稳定地帮我们每天带来 2000 个 UV，然后每天都会有几十个包裹。

那时做网站，用户最主要的是靠百度搜索，所以我就到点石和站长之家自学 SEO 优化。有意思的是，这些东西在我做网站期间并没有带来多大的帮助，却在 N 年之后，让我成了淘宝搜索的客座专家。

所以，创业过程中苦难带来的财富，它可能并不是具体的金钱，你看不到，但是它确实是真实存在的，而且会长期受益。

坚持了几个月，跟我一起来南京的朋友觉得看不到未来，和我说要回家，这样就剩下我一个人在南京扛着整个网站前行。

我一直都深信，自负才是创业者应该具备的特性。不管生活怎么折磨你，即使全世界都在质疑你，你都要执着地相信自己，不然你根本不可能走过创业初期长时间的迷茫。

每天上午骑着自行车去市场找产品，中午 12 点前必须赶回电脑前发布当天团购，下午去批发市场用自行车驮产品回来打包发货，晚上学习 SEO，再准备第二天的团购和网页文案。这样的日子，日复一日，年复一年，从未中断过一次，不管是生病还是其他。

那时候如果你留意，你会看到每天珠江路上有个年轻人骑自行车像在演杂技：单手推车，前后座上两个大箱子装满了货。

那时候我觉得最享受的事情，是每天吃完晚饭，可以一个人离开电脑，静静地走一小段静谧的路。

那时候住的房子，满屋子的老鼠和蟑螂，晚上我在工作的时候已经可以很淡然地看它们跳来跳去，还有一天晚上老鼠甚至从我脸上爬过。

那时候的我，很可能几天都没机会和别人说一句话，除了孤独，还是孤独，脑子里都是产品、网站和推广。

但是，让我最难忍受的，并不是这些身体的苦，而是每次和家里人要生活费时的煎熬。因为坚持产品不赚钱，返利当时大环境并不好，还要支付服务器费用等，所以盈利无几，甚至吃饭的钱都不够。

就像后来我在电视节目里说的，吃一包方便面必须要把水加满，味道虽然淡了，但是至少肚子感觉暂时饱了。

每次和家里打电话要生活费之前，都要想很久；最怕听到家里人告诉我，你看谁谁家的孩子，每月往家里寄多少钱；最不想听到爸妈说，你26岁了都没成功，天生可能就不是做生意的人，回来找点事情老老实实地生活吧。

连续两年没有回家过年，没见过家人，说是不想回去，其实是没脸回去。你可能想象不到，这在山东这种过年大过天的地方，不回家过年意味着什么。

做抢宝网期间，我一个人在陌生城市里坚持了一年半，生活很苦，每天吃饭的钱每一元都要算清楚。中间有来自北京的风投打电话联系过几次，但当他们发现这个网站只有我这一个年轻人在撑着，后来还是放弃了投资我的网站，因为前期风投更重视的是团队而不是项目。

直到后来，我放弃团购网之后的 2010 年，团购网井喷式发展，美团、拉手等都拿到很多投资。我才明白，**成功并不是你去做一件正确的事情，而是在最恰当的时间去做一件恰当的事情**。2008 年，大家在淘宝上买东西都能买到假货，遇到骗子，更不要说你一个不知名的小网站。2010 年团购火的原因，是因为大家开始接受和相信网购了，然后会去找各种各样的团购网站。

最后让我放弃团购网的原因，是合租朋友和我说："我们老板想投资做一个电商网站，知道你擅长这个，他了解你后愿意新项目给你 20% 技术股，包吃住。"

"包吃住"，在我经历了长时间的吃不饱睡不好后，竟然真正地诱惑到了我。接下来，我开始了人生的第一次半打工生涯，虽然只有三个月时间。

为了吃饱饭去开淘宝店

说实话，当时打动我放弃抢宝网的，一方面是 20% 的股份让我觉得自己还是老板，不是纯粹地打工，另一方面，是包吃住。

本以为，这会缓解我的压力。闯荡漂泊几年，我误认为自己想要的是生活规律，衣食无忧。

但没想到，虽然身体上不会再受到痛苦，但是精神的压抑让我更加难受。就好像，我本来应该是雄鹰，应该自由翱翔，应该一鸣惊人，但是非要把我关在一只笼子里供人观赏。

给别人打工的三个月，这种压抑感愈加的强烈，远超过独自打拼身体承受的痛楚，这让我彻底地断了去上班的所有念头。

我微信的签名一直是"我自负而狂妄,但真实而善良"。就像我前面说的，创业者最应该具备的品质，大概就是自负和狂妄了。没有超乎平常人的自负，很难在长期的困境磨砺中坚持着走到最后。

创业很像电影，但却又不是电影。因为电影的主角虽然也会经历很多的磨难，但是从开始就知道结局；而创业者很可能经历了更多的艰辛，反而没有结果。当时即使在自己最苦的这段时间，我也曾自负地发短信回应妈妈："放心，最后的结局是你儿子一定会很成功。"

辞职之后，我就彻底结束了自己第二次失败的创业，身无分文。

但是，这时候我似乎明白了更多的道理：创业者即使明白了创业的全部道理，也不见得就能创业成功，没有团队，没有资金，你就不配拥有梦想。即使要撬动地球，也需要你首先有一根杠杆。

就像朋友圈里大家调侃的一句话："**当你的存款没有 500 万元，那么你的兴趣都应该是赚钱。**"所以，这次我打算暂时放弃梦想，先去赚钱，我选择从大家都在做的淘宝店开始。

最后一次打电话跟爸妈要钱，他们给了我 3000 元。我故意很兴奋地告诉他们："这次你们放心，我不再好高骛远，一定老老实实就去赚钱，也已经把计划写满了一个本子，怎么做每一步我都想好了，肯定能成功。"

3000 元从银行里取出来后，我在珠江路数码批发市场附近租了个小房间做仓库，600 元一个月，付三押一 2400 元，吃住都在仓库里，还剩下 600 元现金，就成了我淘宝创业的所有启动资金。

我像很多淘宝掌柜一样，去批发市场选好产品，拍个照片上架，有客户付款了，我再去拿回来发出去。刚开始拿货价格没有优势，我就多少钱拿多少钱卖，随着拿货的数量越来越多，进货价越来越低，利润就慢慢出来了。

我起步阶段采取的是低价竞争，当然现在回头看，其实这并不是一个很好的策略，因为你开始的选择会很长时间影响你后面的心态和选品。低价去竞争开店起步可能容易快速上手，但是这样你圈定的客户群也都是占便宜的用户，你后面为了服务这部分用户，所有的策略可能都会走到低价爆款，很难再改变。这在后面很长时间制约了我的发展。

那时是 2009 年，合租房子做快递的小伙子好心地和我说："你现在做淘宝晚了。你看别人 2006 年开始做，现在都三个皇冠了"。我笑了笑，说只**要用心做，永远都不晚。**

就好像直到现在仍然不断地有朋友看我做淘宝比较好，就问我："贾真，现在做淘宝是不是晚了？"我的回答一直是四个字：事在人为。我们说俗点儿，至少在我身边我看到的发了财的年轻人，无一例外，都是和互联网有关系。任何行业都有赚钱和亏钱的，如果你是想来捡钱，那么告诉你，电商并不容易，可能 80% 的卖家都赚不到钱；但是你想过来拼一下，那么只要看准大方向就可以，电商无疑是现代年轻人起步的最佳选择之一。

我的日记里，这样记录当时的生活：

镜头一：弟弟暑假在我这儿玩，每天帮我打包，今天去车站买火车票，乘地铁来回 4 元钱他都觉得舍不得。走了 3 公里路才到地铁站。弟弟告诉我，等他回学校了攒生活费投资我，弄得我心里很不是滋味。

镜头二：每天 3 点钟左右休息，早上 7 点钟起床，现在的床铺和货架在一起，每天睡觉就是睡在货架旁边，白天把床铺卷起来，空出地方打包包裹。

镜头三：今天有一个顾客来自取，我从批发市场出来，两只手拎着 6 袋刚拿的货。走到市场门口打电话问他在哪里，电话接通了才发现顾客就是身边的一对打扮时尚的情侣。他们很不自然地看着我这个满头大汗、穿着大裤衩大背心的"同龄人"，想起来，自己的大学生活也和他们一样的光鲜。

镜头四：2006 年后，一个人在外面闯荡，两年没有回家，也有两年没有见过爸爸了。给家里打电话的时候家里人一直劝我放弃自己的梦想，在家里老老实实地找点儿事情做。但是我不甘心，因为**在我贾真的字典里，平凡等于死亡**，我需要家人给我再多一点的信任和再多一点的耐心。

镜头五：每天凌晨一个人静静地坐在电脑前写点东西。周围一片寂静，这是每天属于我的快乐时光。

因为有之前做网站的搜索 SEO 基础，再配合着适合搜索流量的低价策略，我的淘宝店信誉级别增长非常快。而在我的店铺成长过程中，因为有梦想，所以始终没把现在赚多少钱当成最重要的事情。当我能赚 2000 元的时候，我愿意拿出 1500 元去请个员工，把自己释放出来去做更重要的事情，所以公司人数快速增加到 20 人左右，租了自己的办公室，生活终于开始慢慢安定下来。

从来没想到，前些年胸怀大志，脑子里想的是整个中国互联网，梦想着像当时的开心网一样一鸣惊人，却始终郁郁不得志，生活落魄；而抛弃了梦想，做当时最普通的事情，却让我很快地发展，赚到了人生的第一桶金。

如果让我这时候给正想做淘宝的年轻人一个建议，我会告诉他们：放低姿态，把手上能做的事情做到极致，先活下来，再慢慢跟随自己的爱好去找方向。

还有，我其实并不建议你一定要跟随我的策略，因为我做的是低价标准品，客户对于这种产品的价格比较敏感，所以搜索比价的流量会是主要的，而我的能力正好匹配了产品和客户流量入口，所以发展很快；如果你的产品是高回购的行业，比如童装、成人服装、食品，其实我会建议你重视老客户的回购，让自己成为自己领域的意见领袖，这种能力可能会比搜索更重要。

当然，赚第一桶金并不代表你就走上了成功之路，因为草根淘宝店的成长还会受到很多考验，比如自己从没想过的团队管理、ERP、财务等，一个不小心可能就要跌倒重来。我后面就因为自己不去管财务，亏了将近 20 万元，这是后话。

再后来 2010 年，当我的淘宝店发展到两个皇冠的时候，我阴差阳错地成了江苏卫视《非诚勿扰》第九期的 5 号男嘉宾，这是个去之前我没听过，但是播出后却风靡全国的相亲节目。

就这样，我成了第一个参加《非诚勿扰》的淘宝店掌柜。

《非诚勿扰》上的淘宝掌柜

网上都传，有个《非诚勿扰》男嘉宾说自己是做淘宝的，惨遭全部灭灯。然后，不少人对号入座，说是我……其实，我确实是《非诚勿扰》里第一个做淘宝的男嘉宾，但真的没有被全灭灯，最后还留了 7 盏灯呢。

为什么会上《非诚勿扰》？

应该很少有职业，会比开淘宝店更让人操心吧。没有周末和假期，大事小事都要自己来，你必须同时兼职产品采购、摄影师、客服、美工、财务，还要负责打包、搬货等体力活。

如果美国总统奥巴马一天不在，或许没什么问题；但如果淘宝小店的掌柜离开半天，那估计客户都要疯了：为什么不回我信息，骗子吗？为什么不给我发货，不诚信……

一个掌柜长期处在这种状态，一天 24 小时有 12 小时在电脑旁边，几乎不可能有自己的社交圈，真的很难有机会摆脱单身。而这种每天紧绷的状态，忙的时候还好，一旦深夜闲下来，那种深深的孤独感就会跟着电脑里的音乐弥漫在整个屋子里。

当时脑子里冒出个念头：我要找个女朋友，陪我一起走。

因为淘宝店掌柜不可能像正常人一样去旅游，去聚会，去唱歌，所以只能通过互联网。于是我在世纪佳缘网站注册了一个账号。恰好，他们会办那种在酒店互动的男女交友活动，我就花了 200 元报名参加了一次。

整个活动非常的无聊，一群比我年龄还大的剩男剩女在做一些蹩脚的游戏。我躲在角落里，但还是几次被主持人拉到台上去做游戏，我都随便应付了事。我觉得"以结婚为目的的交友"并不值得炫耀，爱情有了很强的目的性更像是一种交易，所以我很不适应。

终于等到活动结束了，走到门口的时候两个人拦住我问："我是江苏卫视《非诚勿扰》编导，觉得你条件还不错，你敢不敢到电视上征婚？"

其实，直到我站在《非诚勿扰》演播室的前一天，节目才只播出两三期，我也没看过，并不火。我当时是第九期，马诺等人都在。录节目前，我反复强调，必须在屏幕上打出我的淘宝店网址，他们答应了。

2010年3月，在节目的VCR里我说，虽然我现在开的是淘宝店，但是我们做的是电商服务，我希望团队继续强大，有一天我们可以凭着自己团队强大的网上销售能力，帮各个行业品牌开辟网上销售渠道。

这个目标现在看很超前，但可惜的是，我当时想到了并没有做下去。后来我总结经验：**做事情尽量不能有死目标，别被自己的惯性思维绑架，成长中一旦发现某个方向更有前景，那就勇敢地不顾一切地往这个方向奔跑，千万别磨叽，方向比努力更重要。**

如果我当时能够坚定不移地不把卖数码配件当主业，走电商服务的路，公司可能会比现在成功得多。

《非诚勿扰》，我认为更多的是真人秀，展示自己，不可能是征婚。原因在于，你不太可能在15分钟左右就喜欢上一个人，尤其在台上刺眼的灯光和紧张的气氛下。所以，在录节目之前，我就和公司的人说了，我一定不会牵手成功。因为成功了，我可能会获得一个假的女朋友，但是会失去电视机前数以万计的真实潜在对象。

《非诚勿扰》播出后那段时间，我就好像真的成了所谓的"网红"，很多人到我的淘宝店来找我。找我的人大体分成两种：未成年的小屁孩和四五十岁的家庭主妇，两者的共同点都是电视节目的忠实观众，不同点是前者喜欢跟风追星，后者是想把她女儿介绍给我做老婆。

短时间，淘宝店的流量确实有很大的提升，但这些小孩和家庭主妇并不会购买我的数码配件，对销售几乎没有帮助，因为不转化。**事件营销中，如果事件本身和产品产生不了关联，那么几乎就是看个热闹，没用。**

大家最近都在谈网红，我想说的是，其实网红店很早就存在。我觉得网红的价值并不在粉丝数量，而在粉丝人群集中和产品匹配。**换句话说，就是能不能把粉丝变现。**

比如，淘宝星店，很多明星都在开，明星的粉丝肯定比所谓的网红要多太多，但销售能进 TOP 榜的星店几乎没有。原因是他们觉得自己是明星，所以卖什么粉丝都会买，卖得贵点也没关系。可能真的粉丝会因为喜欢你去购买第一次、第二次，但是如果你的销售不能持续地创造附加价值，除非是铁杆粉丝，否则"社交属性"永远拧不过"市场经济"这条大腿。

比如，游戏主播虽然粉丝数量不如明星，但是他们的粉丝群体很精准，就是游戏玩家，而这时候他们基于自己的专业知识，去帮助粉丝选择适当游戏装备，这样产品和粉丝人群的匹配度就高，就会产生高转化率，也因此能做出比星店更高的销售额。

《非诚勿扰》让我有了一小批粉丝，但却并没有帮助我的店铺销量增长，反而让我浮躁以为自己成功了。虽然店铺信誉仍然增长很快，一年两皇冠，两年五皇冠，但是突然有一天店铺因为延迟发货扣满 12 分被封店。这时候现金流一断，我突然发现自己不仅没赚到钱，反而倒欠将近 20 万元，供货商每天排队在公司门口要钱。

我当时怎么都想不明白，为什么都是低进高出还会亏这么多钱，后来才发现有句话说得真的很对：**如果一个公司只留两个人，那一定是老板和会计。**

淘宝做两年，亏损 20 万元

当时我做淘宝店最初只看销售额和发件数，看着销售额增加就脑袋发热不顾一切地往前冲，从来不关注财务和库存，到后面店铺现金流一断，发现自己没赚钱反而倒欠 20 万元。欠供货商货款的那段时间，我都不敢去公司，供货商排队在门口等钱，没钱就不会继续给我供货，淘宝店一度几乎呈半停摆状态。

那时候很纳闷，一直是低进高出，虽然利润低，但不可能亏啊。后来发现，亏钱的主要原因，是我没有舍得花钱请个会计来做账。我从开始自己去拿货，还能对下数量，到后面供货商送货上门之后，我就不再管收货入库了。因为，我一直觉得自己应该做更重要的事情，再加上店铺销量增长，发货特别忙，所以员工管理也几乎没有去做，收货入库一直都没有专人负责，几乎是谁看到谁就签收一下，也没有清点数量。

后来我们请了专职会计，把出入库规范之后发现，这里面的问题非常大。很多供货商送给我们的货，单子上写 100 个，实际只送 90 个，但是我们之前没有入库签收制度，根本就不能发现。

有个说法叫"**蛋糕原理**"：当你始终把一个蛋糕放在别人面前，又不进行任何监督，多数人在长时间受到诱惑的时候，都可能会偷吃，这是生物的本性。所以，随着长时间我们不重视入库签收，供货商一直少给我们货，再加上我们前期本来就是薄利多销，可能就一直在做亏本买卖。短时间在销售额增长和账期的掩盖下，我们一直没有发现问题，而供货商也变得越来越大胆，这就造成了我们虽然账面上看起来是低进高出，实际上是亏钱在替供货商打工。

当然，我个人觉得这个问题的主要责任不在偷吃蛋糕的人，而是在放蛋糕的人没有适当的制度去监督。所以在这之后，公司员工出了问题，我都会第一个反问自己：**是不是因为规则没定到位，导致漏洞成了"蛋糕"在诱惑员工。**

造成亏损的另外一个原因，是我的管理不善。

没有在正规公司工作过，也不知道公司的流程大概是怎样，所以管理非常粗放。当发现有的事情没做到位，货发不出去，我就觉得可能缺人，然后不停地招聘员工，以至于在店铺两皇冠的时候，我公司接近 30 人。但是最要命的是，员工越多，大家越来越忙，效率反而越来越低，发错货的情况也越来越多，增加了大量的售中和售后成本。

大家应该深有体会：**在草根淘宝店成长的过程中，当你发现公司很忙时，第一件事情并不是招聘，而是通过流程管理和 ERP 去做岗位规范来提高效率**。所以，会计到位之后，我们上了 ERP 系统，把采购、入库、配货、出库、打包这些岗位流程流水线化，并且责任到人，通过设置合理的绩效，去把每个岗位的奖罚制度建立起来。

到后期我们在做公司利润分析的时候发现，其实对于很多淘宝店，房租或者库房租金一个月 2 万元的话，平摊到每天的成本也就 600 元，但是你如果有 30 个员工，月薪平均 6000 元的话，每天的平摊成本要 6000 元，所以**草根电商要想盈利不仅要关注销售额增加，还要关注控制成本。如果你现在销售还不错，盈利状况不是很理想，那么通过提高效率来减少员工数量其实是最高效帮你扭亏为盈的捷径**。

还有一点就是，不少经营服装鞋子的淘宝店，看账面销售额和利润很赚钱，但是库存没控制好，最后积压了一仓库的货，处理不出去。当然 3C 数码行业这种情况会好很多，一直可以卖，相当于硬通货。

ERP 刚开始试行的时候，大家都很不适应。因为把简单的事情，分解成了 N 个流程，变得更加复杂。比如发货要配货扫描、出库扫描、打包扫描，但是正是因为有反复验证的过程，出错率大大降低。而刚开始我们觉得麻烦的事情，习惯了之后，也会变得很流畅。比如 2016 年"双十二"我们一天发货 1 万多包裹，当天全部出库，没有加班。

ERP 最大的好处，是奖罚有依据。比如一旦有客户反馈发错货了，我们可以轻易地在 ERP 里面找到谁审核的订单，谁打印的发货单，谁配的货，谁审核的出库，哪个师傅打的包，这样我们就根据绩效进行处罚。而一旦有这种处罚，每个员工的工作都透明化，那他们就会更具备责任心。

所以这里建议发展中的淘宝店，ERP 系统要尽早上，上得越早麻烦越少，不然后面员工适应起来很吃力。也有很多人问我什么 ERP 淘宝卖家可以用，我给的建议是：其实绝大多数 ERP 的功能，你只能用 30% 左右，最重要的不是用什么 ERP，是你要严格根据 ERP 去执行仓库处理流程。

如果没有 ERP，你可能会出现客户找你抱怨发货发少了。但是你有没有想过，你会少发货，就也可能多给客户发，没有收到客户抱怨是因为很多人会偷偷地去占这个便宜，但是如果你有这种情况发生，其实和入库签收出问题一样严重。

那段时间，ERP 上了之后，会计安排对账，然后我找朋友借了 10 万元还了一部分货款，让供货商正常给我供货。接下来淘宝店铺的发展就慢慢地回到正轨，大概 3 个月后，我就把借朋友的钱还上了。

当然，对我来说最虑心的并不是淘宝店的出入库流程，因为这个东西有个 ERP 软件基本就可以搞定，最让我头疼的是管人。一方面，淘宝网店的管理不像其他企业管理那样有很长的历史，有很多的书籍和案例可以借鉴，而是完全靠自己摸索；另一方面，我觉得做店铺运营，我可以看数据，数据有规律，不会说谎，而管人存在太多的不确定性。

后来，一次偶然机会，我生病住院期间，隔壁床位的人是一个管理 4 家 500 人公司的美籍华人，在他那里，我学到了管理的真谛："**不要期待员工有责任心，管理的核心是发现员工的私欲，并且用私欲引导他们的工作和公司目标保持一致。**"

回去之后，我仔细思考他说的这句话，然后把公司每个岗位的绩效重新制定，用适当的奖金去引导员工的方向，公司的效率大大提升。

幡然醒悟建团队

从医院回来之后，我第一个拿来调整的就是仓库打包师傅的绩效，因为这个岗位最没技术含量，所以被我拿来当小白鼠测试了。

　　在之前，为了降低公司成本，我们和批发市场这边其他家一样，打包师傅都是找的退休人员来做，给固定工资，比如 2000 元。做久了，我们这边有一个大概数据，就是打包我们这种规格差异化大的数码配件，一天一个师傅不停地工作可以打 300 个，所以当我们发货量每增加 300 单，就要多请一个打包师傅。如果你不请，打包师傅甚至会天天和经理抱怨这工作太累，要辞职。

　　找了一天，我把三个打包师傅叫到我办公室："从明天开始我给你们固定工资加奖金，打包一个包裹 0.1 元钱，按照你们现在的工作量一天 300 个，一个月有 900 元奖金，但是为了考虑公司成本，基本工资就只能开到 1500 元，能者多劳，多劳多得，只要正常工作月收入可以达到 2400 元，整体收入会比之前还要多。"

　　"但是有一点，你们要负责包裹的准确性。因为有的师傅眼睛看不太清楚小字，也认不全产品型号，所以我们只要求你们打包的时候数一下总数量，不能多也不能少。如果有售后说客户反馈收到货少了，我们在称重记录里核实确实少了，就会从 ERP 里查到打包师傅名字，每单罚款 5 元。也就是说你们只负责包裹里产品的总数量，如果配错货了，不关你们的事情。"

　　打包师傅一听工资提高了，欣然同意了我们的新工资算法，而自从新考核体系开始取代原来的固定工资制度之后，打包师傅态度的改变立竿见影，比我想象的还要好。

　　以前师傅到了下班时间如果看到经理不在，立马拍拍屁股走人；现在竟然和我商量，能不能下班之后晚点儿关门，让他们把手上的包裹都打包好，因为如果今天不包，明天就是另外师傅的业绩了；以前总借口不懂产品，打包丢三落四，全靠自觉，导致经常收到客户那边的反馈，收到的货要么多，要么少，现在因为有 5 元的罚款，出错率大大降低；以前总是包裹一多就开始抱怨，让我们招人，现在每次我们发打包师傅招聘，他们反而一整天拉长脸不开心。

正当我因为改变而沾沾自喜的时候，月底会计做出来的工资表又让我发愁了：原来打包时候一个月 2000 元，新绩效之后，能拿 3000 多元了，而且还在一直增加。原来我们以为他们每人每天只能打包 300 个是极限，现在他们可以每人打包 500 个。但是，苦于工资这种事情只能调高不能调低，作为老板我总不能打自己的嘴巴，苦笑着说就这样吧，按照业绩正常发吧。

没想到的是，随着店铺销量的增加，从原来的每天 1000 单，到每天 2000 单，再到后来的 5000 单，我惊奇地发现，原来 1000 单需要两个师傅，现在 5000 单竟然两个师傅也能在下班前全部完成。

然后，我默默地算了一笔账，如果按照以前每人 2000 元固定工资打包 300 个包裹，3000 单至少要七八个打包师傅，现在虽然单个师傅工资高了，但是公司整体其实付出的成本在降低。而且，因为打包师傅在我这儿拿 6000 多元的月工资，在其他公司只能拿 2000 多元，所以他们变得更加的稳定高效，以至于自从我改过绩效后，只有一个师傅因为身体原因离职，就再没有换过人。

虽然打包这个岗位看起来不重要，但是实际如果有人员流动的话，每次新来的人要适应，所以前一个月效率低，出错多。而自从加了打包绩效后，两个师傅在公司一干就是 5 年，打包我们产品的熟练度远超于常人，加上主要收入靠打包件数，所以每当公司销量增加，打包师傅就"忙碌并快乐着"，大家的目标一致了。

这是不是很像日本阿米巴管理模式的"内部创业"？

接下来，我就死心塌地地按照这个方法，逐一去调整公司每个岗位的绩效。岗位绩效设置的思路是这样的：**你首先要知道这个岗位的工作内容和流程是怎样，然后再去思考他们做好什么事情能够有效地提高公司利润，最后再用钱或者荣誉去引导他们有效率地工作。**

举例来说，淘宝店最基础的部门**客服绩效**，我们认为他们的工作内容就两个：一是让咨询的客户尽可能多地下单；二是让下单的客户尽可能多地买商品。所以，我们客服的绩效就围绕着两点来设置：一是询单转化率；二是客件数。

我们公司每天都有个售前客服排行榜，发在公司内部群里，通过第三方数据统计软件把客服的询单转化率从第一名到最后一名排序公布。每周还有个询单奖，周第一名 ×× 元，第二名 ×× 元，第三名 ×× 元，以此来激励客服抓住每一个客户。

这个绩效设置的奖金本来是按月来发，后来被我改成按周发，主要是我考虑月周期太长，刺激不够。改成周询单奖之后的某一天，接到天猫小二的电话，说客户打电话到天猫投诉，他实在不想买了，让你们客服不要再催他买了……这其实就从侧面证明我们的绩效在起作用，客服对每一笔订单都做到了极致。

可能有掌柜说，你的客服为什么没有销售提成？

原因很简单，我觉得给销售提成，是对店铺运营岗位的不公平。或许，在其他公司里，就比如培训行业的销售会每天打电话给客户，让他来听课学习做淘宝。最后成交的每一笔订单，都需要这个销售主动出击，全程跟踪，所以这个成交是他的功劳，他应该拿销售提成。

但是，在淘宝店铺的客服，绝大多数都是在被动地接单，不需要主动出击，而接单量的多少来自运营部门做了什么活动、花了多少广告、运营策略的调整。而客服对店铺销售额的贡献，除了让询单的客户尽可能成交，再能够做的，就是让他买更多。

所以，除了周询单奖，我们还设置了客件数奖，通过 ERP 计算每个客服成交订单里购买两件以上的订单数量，设置排名奖，通过这个奖金去引导客服在客户下单之后积极地推荐客户去购买商铺的其他商品。

再比如，**配货和出库岗位**，我们也是按照出库件数来提成，售后反馈的出错订单，如果数量错了，我们罚打包师傅每单 5 元，因为打包师傅发现总数量错了应该主动找配货岗位核实；如果数量对，配货品种错误，那么配货的罚款 5 元，扫描出库员罚款 5 元。注意，我们这里面就提到了 ERP 的出库流程，没有 ERP 的时候出库是否准确，全靠配货一个人细心，但是再细心的人也有疏忽的时候，所以 ERP 要求每个包裹至少要经过两个人之手，配货一次，出库扫描称重一次，这时候出错率就会大大降低。

我们公司的**美工岗位**的绩效，也设置得很简单，在我们 3C 数码类目对于美工最大的要求是做点击率更高的主图。考核方法是：销售前几名的产品，通过直通车创意图测图，不停地制作新的主图和现在的主图做数据对比，当达到 100 个点击量以上，点击率增高，就截图保存，每张奖励 30 元，同时更换新主图到页面测试搜索数据。

没有这个考核之前，我在公司的时候，美工就很忙，因为我总会安排任务给他；有了这个考核之后，即使我不在公司，美工也很忙，忙的原因是因为钱，他的主要收入都来自于这个奖金。

更重要的是，我们发现好的绩效不仅会提高员工效率，而且会引导员工成长。虽然我自己并不懂美术常识，但是通过这种绩效引导，美工就会不停地去进行 A、B 图测试，先靠自己的理论和直觉作图，然后通过消费者点击数据来告诉他自己的直觉到底是不是对的。慢慢地，他就从原来的"书呆子"式美工变成了现在的"数据型实战"美工。

当然，并不是所有的岗位都适用于这种固定工资加奖金的方法，在售后客服这边如果有奖金可能就是反面案例。比如，我们最开始设置**售后客服**的绩效是，每处理完结一个售后，做表格说明，奖 0.5 元。后来，我发现这样的绩效设置问题很大，就是没有做到**员工的私欲和公司的岗位目标基本一致**。

售后要拿到更高的工资，他就必须要处理更多的售后问题，所以他就不会把从售后工作里发现的公司问题反馈给其他部门，他就希望公司的售后问题越多越好。而**公司设置售后部门的目的，并不是怎么去完美地处理售后，而是怎么尽量避免产生售后**。

我赶紧问一下会计售后的平均工资是多少，然后把两个售后叫到我办公室，和他们商量："下个月开始，你们的基本工资上涨到 ×× 元，比你们上个月拿的工资还多一些，但是考核方式变成只要和你们有过聊天记录的客户，产生了差评，我们就会根据你们的聊天情况罚款 5 ~ 50 元不等，由店长每天整理差评监督。"

"我最希望看到你们两个每天在公司什么事情都不做，看看网页，然后拿全额工资。但是，你们要想能实现这个目标，就需要每次出现售后问题后，写一个售后反馈表，把每个售后问题出现的原因、责任部门、建议改进方法都整理出来交给店长，以免这个问题重复出现，这样你们的工作才能更轻松。"

所以，现在我们公司有个**日售后反馈表**和**周售后反馈表**，反馈的问题由店长来协调各个部门做出解决方案，从源头上来控制售后问题的产生。甚至到后来，如果反馈的问题店长不及时处理，售后客服还会找到我这边抱怨店长，因为源头持续不解决，他们的工作量就会增大。

一旦出现售后问题，不光会造成公司财物的损失，还会打击大家的情绪，所以到现在为止，我们公司日常琐碎工作的决策权，并不是我和店长，其实都来自公司一线的售后部门。

在没有岗位绩效之前，所有的事情都需要我去看着大家做，经常是我开个会慷慨激昂地给大家描绘一下公司的前景，大家这几天就会干劲十足，一周过去后就和之前一样了，不持久；但是有了这些**"欲望绩效"**设置后，公司的所有岗位就像是安装了一个**"电动马达"**，不管我去不去公司，大家都会为了**钱努力工作**。

说到不去公司，可能很多老板像我一样，觉得公司如果没有你一天都转不了，觉得员工做的事情永远不放心，然后自己就事必躬亲地去参与所有事情。话说在之后的日子里，因为我成了淘宝大学企业导师四处讲课，被迫要离开公司的时候，反而给我的团队极大的锻炼机会，让我现在能够跳出公司的琐事，有更多的时间去思考和把握公司方向。

这些我们下一篇讲。

从被大学开除到成为北大讲师

连续两年得到淘宝大学的最高奖——春蚕丝雨奖。在颁奖现场，让我发表感言，我说："其实，我要感谢的不仅是淘宝大学，而且是整个阿里巴巴集团。我是个俗气的人，所以我清楚地看到阿里巴巴给我的人生提供了两个舞台：在淘宝天猫这个生意舞台上我收获了'利'，生活衣食无忧；在淘宝大学这个舞台上我收获了'名'，桃李满天下。我很享受现在，感恩。"

获得10个年度春蚕丝雨奖之一，妈妈来颁奖

从来没想到，一个大学都没能毕业的人，因为擅长淘宝的运营成为中国很多知名企业的电商老师；更没有想到的是，因为擅长淘宝运营被中国最高学府北京大学官方聘请，成为电商 EMBA 总裁班首期和第三期讲师。

还记得在北京大学电商 EMBA 的课堂上有个小插曲，上课前我走进教室坐到最后一排，教室里学生（基本都是上市公司老总）心里想："怎么这期总裁班还有个这么年轻的同学？"

等到开始上课的时候竟然发现："哇，这个最年轻的同学竟然还是老师！"

其实之前从来没想过我会成为企业讲师站在讲台上，因为我从小到大都是班里最能闯祸的学生，甚至觉得老师是和我"势不两立"的群体。

能有机会成为老师，原因是我后来做淘宝的时候，公司隔壁就是淘宝大学的南京分校，被校长邀请过去免费听了一堂当时的知名淘品牌欧莎运营总监的课，有种豁然开朗的感觉。

这种豁然开朗并不在于传授的技术多么牛，而是好像你一直在闷着头走路，只关注路边的野花野草，突然有人叫了你一声，让你抬头看了一眼远方的感觉。

淘宝大学南京分校的校长当时和我说："我们觉得你也挺厉害，你可以试试去考一下淘宝大学的老师，一旦通过了，你就能免费听所有老师的课，而且每次讲课可以拿到将近 1 万元一天的课酬。"

后来，他就帮我报名参加淘宝大学的"赛马"，来到淘宝比赛，竞选淘宝大学企业导师。我至今仍然记得我"赛马"第一次登台讲课的场景，竟然丝毫没有胆怯，反而是很期待和兴奋。

就像当年我跳 Breaking 的时候，其实可能平时我街舞跳得很一般，但是只要站在舞台上有观众，我就会格外兴奋，跳得很出色。当时站在讲台上，看着台下的评委和学员，我就滋生出莫名的"表现欲"，然后一点儿不紧张地完成了第一堂课，通过了淘宝大学的赛马，最后成为淘宝大学的企业导师，登上了自己人生的另一个舞台。

其实在整个贾真故事连载里，我都不掩饰自己的"缺点"，比如创业时期的自负，比如成为淘宝大学老师之后的虚荣，但正是这种"虚荣"带来的表现欲一直支撑着我在讲堂上兴奋到现在，为了满足"虚荣"不断地去提高自己，把自己零散的淘宝运营知识梳理出逻辑，变成自己的淘宝运营体系。

任何事情都是把双刃剑，成为淘宝大学老师对我而言有好有坏。

好的一方面：在我没有成为淘宝大学企业导师之前，我每时每刻都在公司，所有员工做任何事情都会有意识地和我汇报，听取我的意见，所以变成整个公司就我一个人有脑子，其他人都是机械地做事情；而我成为淘宝大学企业导师之后，因为讲课不时要离开南京，这时候公司的员工遇到事情就被迫地自己去做决定，去思考，刚开始可能会犯错，但是我鼓励他们，只要你们的出发点是为公司好，就算造成了损失，我作为老板也愿意帮你们承担，慢慢地就磨炼出一批有头脑能做事的公司核心员工。

也就是说，如果你觉得公司离不开你，那么就真的永远离不开你，但是如果你明年愿意给自己一个假期，出国旅游一次，狠心地给自己团队一个机会，你可能会发现他们没想象中的差。

就像我一直在强调的，企业发展的第一步是老板靠自己的能力去扛着整个公司前进，而发展到一定规模无法事必躬亲的时候，就一定是老板去帮助团队成长，通过团队的成长来带动公司提升销售突破瓶颈。

现在，我的天猫店从原来的只有我一个人有脑子，变成了我成为真正的公司大脑。结合着之前我们说的"欲望绩效"，大家慢慢都在自己的岗位上有自己的独立思考，然后我就可以完全空出来，只负责公司的重点产品和战略方向。

坏的一方面：是淘宝大学老师带来的荣誉感给人带来的挑战太大，控制得好，会让自己讲课很有激情，激励自己的运营体系不断完善；控制得不好，很容易让人迷失自己，变得很难踏实做事，浮在空中就再也难以自我成长。

还记得当时我在赛马第一次试讲结束后，站在后面听另外一个老师讲课，就立马有个学员给我搬来个凳子，说老师您坐，让我受宠若惊。每一个人成为淘宝大学老师之后，因为头上顶着淘宝大学官方讲师的光环，学员会对你的知识无比信任。

有句老话说："**谎话说多了，连自己都信了。**"当别人最早说你很厉害时，你会觉得这是奉承，但是有好多人都说你厉害时，你会慢慢地觉得自己好像真的挺牛的。成为淘宝大学老师后，我确实也很多次被自己莫名其妙的"好为人师"行为恶心到。

所以 2016 年我在淘宝大学会议上提出一个观点，叫"**敬畏心**"，其实更多是给自己敲警钟。一个是让自己对于知识有敬畏之心，每个人都有自己思维的盲点，所以你不可能百分之百正确；另外一个，让自己对于新人有敬畏之心，知识是不能论辈分的，不管是谁的观点，都值得自己去思考。

所以你看，在我的公众号评论里，正面的和负面的评论我都会放出来，哪怕是对我的谩骂，我也想用它来警醒自己："你没有你想象中那么厉害。"

打造爆款时间轴

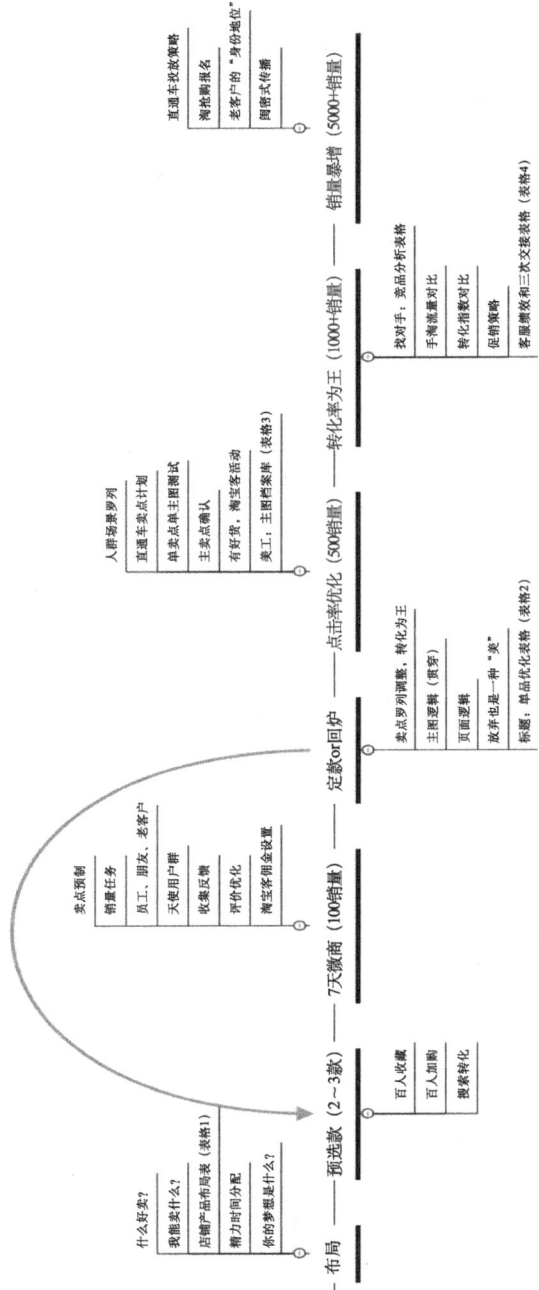

布局 — 什么好卖?
- 我能卖什么?
- 店铺产品布局表 (表格1)
- 精力时间分配
- 你的梦想是什么?

预选款 (2~3款)

7天微商 (100销量)
- 百人收藏
- 百人加购
- 搜索转化

定款or回炉 — 卖点预制
- 销量任务
- 员工、朋友、老客户
- 天使用户群
- 收集反馈
- 评价优化
- 淘宝客佣金设置

点击率优化 (500销量) — 卖点罗列调整：转化为王
- 卖点罗列调整（贯穿）
- 主图逻辑
- 页面逻辑
- 放弃也是一种"美"
- 标题：单品优化表格 (表格2)

转化率为王 (1000+销量) — 人群场景罗列
- 直通车单主图测试
- 单卖点单主图确认
- 主卖点确认
- 有好货：淘客活动
- 美工：主图档案库 (表格3)

销量暴增 (5000+销量) — 直通车投放策略
- 找对手：竞品分析表格
- 手淘流量对比
- 转化指数对比
- 促销策略
- 客服销效和三次交接表格 (表格4)

直通车投放策略
- 淘抢购报名
- 老客户的"身份地位"
- 阄缀式传播